LIBANON
SYRIEN
N
S
Metula
Kiryat Schmona
Golanhöhen
Safed
Karmiel
Amirim
Akko
Haifa
See Genezareth
Tiberias
Nazareth
Afula
Dschenin
Jordan
Nablus
WEST-
Tel Aviv
Amman
PALÄSTINA
Gaza-Stadt
GAZASTREIFEN
Arba
Hebron
Otniel
Ein Gedi
Khan Yunis
Rafah
Beerscheba
Ein Bokek
ISRAEL
Mitzpe Ramon
JORDANIEN
Sinai
Eilat
Akaba
Rotes Meer
0 10 20 30 40 50 km

Martin Schäuble

ZWISCHEN DEN GRENZEN

Zu Fuß durch Israel
und Palästina

Carl Hanser Verlag

1 2 3 4 5 17 16 15 14 13

ISBN 978-3-446-24142-8

Satz: Satz für Satz. Barbara Reischmann, Leutkirch
Druck und Bindung: CPI – Ebner & Spiegel, Ulm
Printed in Germany

FSC
www.fsc.org
MIX
Papier aus verantwortungsvollen Quellen
FSC® C006701

INHALT

DER JUNGE MITARBEITER der Flughafen-Sicherheit in Tel Aviv trug einen dunkelgrauen Anzug. Er blätterte durch meinen Reisepass und entdeckte den schwarzen Einreisevermerk. Eine israelische Grenzpolizistin hatte ihn mir am Gazastreifen in den Reisepass gestempelt. Der Anzugträger von der Flughafen-Sicherheit schaute mich an.

»Was haben Sie in Gaza gemacht?«

»Ich war zu Fuß unterwegs in Israel und Palästina. Darüber schreibe ich ein Buch.«

»Zu Fuß in Gaza?«

Der Anzugträger war skeptisch. Ich konnte ihn verstehen.

»Das macht keiner. Wieso schreiben Sie ein Buch darüber?«

»Weil es so selten ist.«

Der skeptische Blick wurde noch skeptischer. Der Anzugträger ging zu anderen Anzugträgern, besprach sich, ein anderer von ihnen trat an mich heran.

»Wo waren Sie auf der arabischen Seite?«

»Das ist eine lange Liste.«

»Nennen Sie einfach die Hauptorte.«

Ich drehte den Roman um, in dem ich in der Warteschlange gelesen hatte, zeigte dem Befrager die blaue Rückseite und malte eine Landkarte mit meinem Finger. Ich wollte auch die israelischen Städte aufzählen, so konnte ich mich besser an die Namen erinnern, an die Route, auf der ich die letzten Wochen unterwegs war. Der Mann hatte nichts dagegen.

Ich fing an zu malen und nannte einige der Orte: »Tel Aviv, Jerusalem, Bethlehem, Hebron, Beerscheba, Mitzpe Ramon, Eilat, Ein Gedi, Jericho, Ramallah, Nablus, Dschenin, Nazareth, Kiryat Schmona, Haifa und wieder zurück nach Tel Aviv. Das war die erste Reise. Dann flog ich noch einmal hierher, um in den Gazastreifen zu kommen. Das klappte beim ersten Mal nicht. Im Gazastreifen war ich in Gaza-Stadt, Khan Yunis und Rafah.«

Der Anzugträger lächelte. Das irritierte mich. Er wünschte mir einen guten Flug. Stellte keine einzige Frage mehr. Wollte nicht wissen, wen ich getroffen hatte, wer mit mir sprach und worüber. Noch nie war ich bei der Sicherheitsbefragung am israelischen Flughafen so schnell fertig. Ich verstand es nicht. Was war geschehen? Folgte die große Befragung erst noch? Ein anderer Mitarbeiter vielleicht, ein paar Meter später, bei der Kontrolle des Gepäcks? Auch das hatte ich schon erlebt. Aber nichts geschah.

Erst auf dem Weg zum Terminal, vorbei an einem Laden voller Bücher und Zeitungen, verstand ich es, wurde mir alles klar. Und ich lächelte, so wie er, der Befrager, der Anzugträger, es getan hatte. Es gab nur eine Erklärung. Er hielt mich für verrückt.

DIE DURCHWACHTE NACHT – TEL AVIV

Die Unterkunft war billig, auch Bruce, der Billiglöhner, schlief dort. Bruce war ein Jude aus Boston, der einige Wochen des Jahres in Israel arbeitete. Zwei Jobs machte er hier gleichzeitig. Fensterputzer und Krankenpfleger. Bruce ist das gewöhnt. In Boston arbeitet er als Taxifahrer und Kellner in einem Restaurant, für das man »einen dicken Geldbeutel braucht«. Er rutschte sitzend beim Erzählen auf seinem Bett vor und zurück, als würde einer seiner Arbeitgeber mit der Stoppuhr die Zeit messen, in der er nicht schuftete, sondern nur dasaß.

Bruce hatte in einem der beiden Doppelstockbetten, die das ansonsten karge Zimmer ausfüllten, die untere Matratze belegt. Ich bezog ein löchriges Stück Schaumgummi auf dem oberen Bett gegenüber. Die durchgeschlafene Matratze wie das ganze Zimmer mussten Generationen von Reisenden und Gastarbeitern und reisenden Gastarbeitern beherbergt haben. Ich war zu erschöpft zum Aufräumen, Putzen, Sortieren, und wenn man in so einem Zimmer damit anfängt, ist die Nacht schnell vorbei.

Bruce rutschte weiter, sprang auf, hielt sich am Gestell des oberen Bettes fest und redete weiter. Von der Idee, bald Hebräisch für Anfänger zu unterrichten – sein dritter Job. Von seinen Fortschritten, weil er fleißig und autodidaktisch lerne. Von einem Buch, das jeder unbedingt zum Hebräischlernen haben sollte.

Er suchte in einer bunten Plastiktüte, die groß genug war, um sich hineinzusetzen. In einer schwarzen Reisetasche. In einem großen Rucksack. In einem kleinen Rucksack. Er fand das Buch nicht. Ich wollte schlafen, war erschöpft von der Reise zum Flughafen, vom Flug, von den Gesprächen der ersten Stunde, den Beobachtungen, den Notizen, von allem. Ich bot Bruce an, die Suche auf morgen zu verschieben. Bei einer Tasse Kaffee, auf die ich ihn einladen wollte. Denn er war, so wie er war, ein feiner Kerl.

Die roten Ohren mit dem grauen Flaum. Die etwas gelbliche Haut im Gesicht, was auch an den zwei Neonröhren an der Decke liegen konnte, die die Farben im Raum verfälschten. Die rauhen, kräftigen, braungebrannten Hände. Seine Art, mir ohne Punkt und Komma sein Herz auszuschütten. Er arbeitete und lebte in Israel, um zu sehen, ob er umziehen könnte. Für immer von Boston nach Tel Aviv. Über seine gescheiterte Ehe, seine erwachsenen Kinder sprach er nur kurz und nur, weil ich ihn danach fragte.

Unsere Zimmertür konnte nicht abgeschlossen werden. Das hielten die Besitzer der Unterkunft offenbar nicht für notwendig. In der ersten Etage tobten Brasilianer, durchtrainierte Jungs mit langen schwarzen Haaren auf Club-Tour in Tel Aviv. Benigno saß dort irgendwo, der Mexikaner, mit dem Becher Wasser in der Hand. Er sah einer Daily Soap auf Spanisch zu, als wir uns kurz unterhalten hatten. Sicher schlief auch Han Gyul in der ersten: der Südkoreaner, der im Kibbuz arbeiten wollte, die Zusage einer Vermittlungsorganisation hatte, noch auf die Zuweisung wartete.

Als ich Han Gyul vor ein paar Stunden kennengelernt hatte, stützte er sich mit den Ellenbogen auf einen Tresen neben der Gemeinschaftsküche ab. Er blätterte auf seinem iPad durch Facebook-Seiten, während er mir seine Geschichte erzählte. Er betonte, was ihm wichtig war. Er komme aus Korea, aus *Südkorea.* Als ob sie in Nordkorea iPads hätten. Er verstand meinen Witz nicht, der wohl einfach nicht witzig war.

Die Brasilianer, der Mexikaner und der Südkoreaner hatten etwas gemeinsam. Alle schliefen in der ersten Etage. In die zweite steckten sie Bruce und mich. In ein Vierbettzimmer gegenüber des Frauen-Schlafsaals. Ich malte mir das Schild an unserer Tür aus und wusste, was der Mann an der Rezeption dachte, als er uns dieses Zimmer zuwies: »Die zahnlosen Tiger«.

Unsere wilden Jahre waren vorbei oder hatten nie begonnen. Und als ein weiterer Mann den Raum betrat, sah ich meinen Verdacht bestätigt. Ein Jude aus der Schweiz, Anfang zwanzig, schmal, bubenhaft, Brille. Sein Hebräischkurs fing bald an. Sein Appartement in Tel Aviv war aber noch nicht frei, so schlief er bei Bruce und mir.

Wir sprachen so lange, wie man benötigt, um festzustellen, dass man sich versteht. Ich suchte einen friedlichen Schlaf, in der Gewissheit, nette Menschen um mich zu haben. Bruce verabschiedete sich für ein paar Stunden Spätschicht. Der Schweizer verließ den Raum zum nächtlichen Einkauf von Lebensmitteln. Meine erste Nacht brach an, vor dem langen Fußmarsch durch Israel und Palästina.

Ein tiefes Grollen durchzog die Dunkelheit. Eine Nachtbaustelle. Vielleicht. Ein Gewitter. Ich dachte an mein letztes Gewitter in Israel, an das ich mich erinnerte, weil ich es nie vergessen werde. Und seitdem ich nachmittags in Israel gelandet war, kamen sowieso alle Bilder wieder. Jeder Ort, jedes Geräusch war verbunden mit einem Erlebnis, einer Person, einer Geschichte. Alles erinnerte mich an meine Zeit in Israel und Palästina. Und das Grollen, das Gewitter, an den Juli 2006.

Israel und die Hisbollah kämpften gegeneinander. Der Kampf trug später mindestens zwei Namen: Israelis nannten ihn den »Zweiten Libanonkrieg«, die arabische Seite sprach vom »33-Tage-Krieg«. Ich hatte keinen Namen dafür, lag im Bett, in einem gemieteten Zimmer in einer Stadt im Norden Israels, Haifa. Täglich heulten mehrmals die Sirenen. Das Heulen bedeutete Rennen.

Etwa eine Minute blieb bis zum Einschlag der georteten Katjuscha-Raketen. Eine Minute, um aus der Wohnung, zwei Etagen durch das Treppenhaus und in den Bunker neben dem Hauseingang zu eilen. Dort traf ich wochenlang den Rest des Hauses: einen israelischen Musiker, der mit einer deutschen Krankenschwester verheiratet war, deren Kinder im Schulbunker saßen oder bei uns; ein junges Paar, über das ich nicht viel wusste, außer dass er beim Militär arbeitete; ein älteres Paar, der Mann schwerkrank, seine Frau sprach mit mir immer ein paar Worte auf Deutsch. Und meine Vermieterin, eine ältere Dame mit drei Töchtern, vielen Enkeln und einem großen Herzen.

Wir saßen im Bunker auf Matratzen und zählten die Einschläge der Katjuschas aus dem Libanon, hörten Radio und warteten auf die Entwarnung. Am 19. Juli 2006 heulten die Sirenen kurz vor acht Uhr morgens. Ich zog mir eine Jeans an und rannte in den Bunker. Die deutsche Krankenschwester trug einen Bademantel und hatte nasse Haare. Wir warteten und wir zählten. Von der Bunkermatratze schleppte ich mich zurück auf meine eigene, schlief sofort wieder ein, überhörte den Wecker.

Ein kräftiges Gewitter riss mich gegen zehn Uhr aus dem Schlaf. Ich drückte mich in die Bettdecke, glücklich, nicht im Regen zu stehen. Aber es regnete nicht. Und das Gewitter, das kein Gewitter war, war vorüber. Die Katjuscha-Raketen landeten ohne Vorwarnung in Haifa, brachten angeblich etwas in Hafennähe zur Explosion. Auch das gab es, lernte ich an diesem Tag. Katjuschas ohne Warnung.

Die erste schlaflose Stunde auf meiner Tel Aviver Matratze war vorbei. Von den Katjuschas in Haifa döste ich nach Jerusalem, meinem nächsten Reiseziel. Die Reise in den Gazastreifen musste in der Stadt beantragt werden, beim Pressebüro der israelischen Regierung. Und so drehte ich mich von Jerusalem nach Gaza. Sah den Jungen, keine fünfzehn Jahre alt, wie er damals, bei meinem ersten Besuch, auf mich zukam. »Welcome to Gaza«, sagte er mit dem bitteren Unterton eines über Jahrzehnte frustrierten Erwachsenen.

Keine zwei Meter vor mir öffnete er seine Weste mit beiden Händen, und ich sah seinen Brustgürtel aus einem Dutzend Handgranaten, quer über dem Oberkörper verbunden. Ich überlegte nicht, sondern sprach mit ihm, sagte »Marhaba«, Hallo, fragte »Schu Achbarak?«, was gibt's Neues? Ich reichte ihm reflexartig die Hand. Mir fiel in dieser Nacht in Tel Aviv nicht mehr ein, ob er sie ergriff oder nicht.

Eineinhalb Stunden vergingen, dann ließen mich die Katjuscha-Raketen und der Gaza-Junge schlafen. Kurz. Viel zu kurz. Bruce trat ins Zimmer, schaltete das Licht an und hantierte mit der großen Tüte, dem Koffer, dem kleinen und großen Rucksack so, als ob er die Unterlagen für seine Steuererklärung zusammensuchen würde. Ich schwieg, stellte mich schlafend. Einige Minuten hörte ich Rascheln und Reißverschlüsse. Dann absolute Ruhe.

Ich öffnete langsam mein linkes Auge und sah einen strahlenden Bruce vor mir im Neonlicht. Er reichte mir das Buch, das er am Abend gesucht und nun gefunden hatte. Es war gegen Mitternacht. Gewissenhaft bedankte ich mich, richtete mich auf und notierte in mein Notizbuch den Titel »Multi-Dictionary«, den Untertitel »Bilingual Learners Dictionary« und die Autorinnen »Edna Lauden und Liora Weinbach«. Ich überflog die Inhaltsangabe, eine Tabelle mit Verben, und reichte Bruce das Buch.

Er verließ wieder das Zimmer, ließ das Licht an. Ich machte die

Augen zu, der Schweizer kam irgendwann und schaltete das Licht aus. Sein Oberkörper warf einen Schatten an die Wand. Die Lichter aus den Wohnungen des Nachbarhauses strahlten in unser Zimmer. Aufrecht saß er auf seinem Bett, wippte leicht nach vorne, bewegte geschmeidig und lange einstudiert seine Arme. Er betete. Danach schlief er sofort ein.

Bruce eilte ins Zimmer. Legte sich hin und begann zwei Minuten später ein ganzes Feld von Olivenbäumen zu zersägen. Sachte. Nicht so aufgeregt, wie er noch vor kurzer Zeit war. Eine Handsäge, mit der er jede Faser des Stammes spüren wollte. Ich wollte Schafe zählen, was ich noch nie getan hatte, aber meine Phantasie weigerte sich, hatte andere Pläne mit mir. Sie nutzte meine Müdigkeit aus und machte alberne Sachen.

Ich sah keinen Zaun, sondern einen Schützengraben vor mir. Soldaten sprangen nicht hinüber, sondern hinein. Es waren die jungen Leute, die mir auf dem Weg vom Flughafen hierher begegnet waren, die Jungs mit den olivgrünen Uniformen, mit den M16-Gewehren, die sie immer trugen. Drei junge Frauen mit den blauen Uniformen der Grenzpolizei. Der Kampfpilot versuchte in den Schützengraben zu springen. Ich hatte ihn am Eingang einer Shopping Mall auf dem Weg zur Unterkunft gesehen. Er war aus Bronze und nichtrostendem Stahl. Sein Helm mit Atemmaske lag neben ihm. Er stand gebückt und trank aus einem Wasserhahn, der ihm bis zum Bauchnabel reichte. Neben ihm saß eine lebende Katze, als würde das Tier den Geist des vielleicht verschollenen Piloten aus Bronze und Stahl bewachen.

Der Soldat aus dem klobigen Metall war den zierlichen Soldaten im schmalen Schützengraben zuviel. Sie sprangen alle wieder raus. »Zurück!« »Das ist ein Befehl!« Sie hörten nicht auf mich. Alle waren weg. Geflüchtet. Ein tiefes Brummen ertönte. Ein Panzer? Ich sah nichts. Ich hörte es. Es war Bruce. Er wechselte von der Handsäge zur Motorsäge. Ich konzentrierte mich auf deren Rhythmus und schlief ein. Mein Kugelschreiber samt Block fiel zu Boden. Ich schreckte auf, zog mich an, trabte in die leere Gemeinschaftsküche.

Die Nachtschicht an der Rezeption, die tagsüber Informatik studierte, reichte mir eine Packung Toastbrot und eine Plastikschale mit Butter. Am Eingang der Unterkunft schaute ich auf eine Nahost-Karte, die an die Wand gemalt war. Von Israel war dort zu lesen. Von Ägypten. Von Syrien. Vom Libanon. Nicht aber von Palästina. Israel füllte auf der Karte die ganze Landschaft, die sich beide Völker teilen. Kurz darauf stand ich unter Pfannen und Töpfen, die an handgroßen Metallhaken über mir hingen, legte die weißen Scheiben auf ein verrostetes Laufband, das sie langsam über glühende Heizstäbe zog, ließ Butter darauf schmelzen.

Ein junger Mann lief mit einem Wälzer unter dem Arm an mir und meinem Toastbrot vorbei. Auf dem Buchrücken las ich »The Power Broker«. Ich folgte ihm, wir tauschten uns kurz aus. Er kam aus Florida, studiert bald an einer israelischen Universität in Tel Aviv Politikwissenschaft. Die 1344 Seiten aus den 1970ern handelten von New Yorks Bürgermeister Robert Moses. Von New York kam der Leser aus Florida auf Tel Aviv, von Tel Aviv auf Israel, von Israel auf den Nahen Osten. »It's all about power«, sagte er wie ein alter Professor. Und er blätterte weiter.

Am nächsten Morgen saß der Schweizer mit seinen Nachteinkäufen in der Gemeinschaftsküche. Er tunkte ein dunkelbraunes Brötchen in die Humus-Packung. Ich hatte drei Stunden geschlafen, er zehn. Ich sah noch seinen Schatten vor mir, nachts, an der Wand gegenüber. Ich störte ihn beim Frühstück.

»Darf ich was Persönliches fragen?«

»Natürlich.«

»Ich sah dich gestern Nacht beten. Und wollte fragen ...«

Er schaute mich so erstaunt an, dass ich die Frage nicht fortsetzte. Er wisse gar nicht im Detail, wie man das Abendgebet spricht. Ein Stückchen Teig verschwand in der cremigen Masse aus

Kichererbsenmus. »Ich bin nicht religiös. Ich habe mir vielleicht nur Schlafsachen angezogen. Keine Ahnung.«

Die Phantasie hatte die Oberhand in dieser schlaflosen Nacht. Sie hatte es leicht. Lange Aufenthalte, Gespräche und Reisen in Israel und Palästina hatten sie mit Bildern, Tönen, Szenen gefüttert. Doch ich war angekommen und ich musste die Oberhand zurückgewinnen für die kommenden Wochen, nicht sie, das könnte gefährlich werden. Vielleicht macht diese Reise alles besser. Vielleicht ließe sich so ordnen, was sich nicht einordnen lassen wollte. Bisher. In Berlin. Auf anderen Reisen. Ich wusste es nicht. Ein Versuch war es wert.

VERMESSUNG DER STADT

Ich schlenderte über den Schuk Ha'Carmel, den zentralen Markt Tel Avivs. Nicht an den Ständen entlang, in der Mitte, im Gedränge, sondern hinter den Ständen. Zwischen ihnen und der Häusermauer erstreckt sich ein schmaler Korridor. Die Händler standen dort, an den Eingängen zu ihren Geschäften, die sich hinter den Ständen verbargen. In den Markt trieb mich mein Hunger. Von einem russischen Lokal hörte ich, aber ich fand es nicht in dem Labyrinth. Statt dessen aß ich in einem Imbiss, am großen Fenster sitzend, mit Hackfleisch gefüllte Paprika. Überlegte, wie die Reise beginnen sollte. Ich versuchte Fuß zu fassen. Die Stadt zu vermessen. Ein Bild zu gewinnen. Wie? Bei so einer Stadt in zwei, drei Tagen?

Rund 400 000 Einwohner, nicht viel für eine Großstadt. Aber bei einem so kleinen Land doch eine Menge. Ein paar hundert davon drängten sich durch den Markt, mit vollen gelben und orangenfarbigen Plastiktüten. Drei kichernde Mädchen mit übergroßen, blumigen Handtaschen. Die alte Frau im weißen Mantel, die kräftig an ihrer Zigarette zog. Der dünne Blumenverkäufer, der zwischen den schmalen Gummipflanzen kaum auffiel, schwarze Locken bis zu den Schultern, Vollbart, mit gespitzten Lippen band er einen Strauß Rosen. Die junge, rothaarige Kundin belohnte ihn mit einem geduldigen Lächeln.

Ich ging auf und ab, setzte mich in Cafés, bestellte Espresso und ich kam an, ganz langsam. Ich fand ein russisches Restaurant. An den umliegenden Tischen sprach man Russisch, so wie der Kellner. Auf dem Weg zum Ausgang hob ein Herr Mitte fünfzig die Hand und rief mir auf Russisch etwas zu, die leere Rotweinflasche und zwei Wodka-Gläser zwischen ihm und seiner Begleiterin. Die Rechnung wollte er bei mir begleichen, wie sich später herausstellte. Ich verstand das nicht auf Anhieb und ging leer aus.

Und irgendwann war die Idee da, wie ich die Stadt vermessen konnte und wollte. Ein Plan. Ich fange unten an, ganz unten, bei den Ärmsten, und bewege mich nach oben, zu den Reichen, will sehen, wie weit ich komme in der Zeit, die mir bleibt für diese Stadt. In einigen der Galerien und Museen war ich schon auf früheren Reisen gewesen, die dumpfe Leere von Geschäften schreckte mich ab, in Tel Aviv wie überall. So war es die Vermessung von arm bis reich, die mir blieb.

Ich fragte mich in den Cafés durch und ein Name viel immer wieder: Levinsky-Park. Ich schaute auf die Karte, der Park lag nahe der zentralen Bushaltestelle im Viertel der Gastarbeiter, Neve Sha'anan. Vom Strand führt eine Verlängerung der langen Allenby-Straße fast bis dorthin. Der Weg von den Cocktail-Bars am Sandstrand zu den Ärmsten sah kurz aus, vielleicht eine halbe Stunde zu Fuß, nicht mehr und das war gut, es war schon 22 Uhr vorüber.

An der Allenby-Straße entlang schaute ich durch die Fenster der Cafés, Bars, Mini-Supermärkte und Fast-Food-Läden. Im Pizza-Imbiss lief ein Action-Film. Pizzabäcker und ein essender Gast schauten gebannt zu. In der Bar daneben eine junge Moderatorin auf fünf Flachbildschirmen, die gespielte Ernsthaftigkeit ließ auf Nachrichten schließen. Hinter dem Tresen des Sandwich-Standes lief Fußball, im nächsten Pizza-Laden auch. Auf dem Weg zum Levinsky-Park sah ich mehr Menschen im Fernsehen als in den Bars und Geschäften.

In einem kleinen 24-Stunden-Laden kaufte ich Batterien für mein Aufnahmegerät. Der Kassierer saß hinter einem aufgehäuften Sortiment Schokoriegel, tippte etwas in seinen Laptop. Drei Kühlschränke mit Bier, Sekt und Softdrinks standen in einer Ecke. Die Kundin neben mir, vielleicht Mitte zwanzig, ließ sich von ihm Wodka in einen Plastikbecher füllen. Neben seiner Kasse lagerte ein Flaschenarsenal an offenen Spirituosen. Sie holte sich einen Energydrink aus dem Kühlschrank, schüttete die Dose in den Wodka und zog an einem Röhrchen. Sie musste bemerkt haben, wie ich sie beobachtete. Ich drückte die Batterien in den Apparat. Sie passten.

»Woher kommst du?«, fragte sie mich und machte mir klar, ich war in ihren Augen kein Israeli, wie ich mit meinem Aufnahmegerät kurz nach 22 Uhr sie, die Plastikbecher-Minibar und den Laptop-Kassierer anstarrte. »Aus Deutschland.« »Toll! Ich liebe Berlin.« Der Kassierer hörte auf zu tippen und schaute sich einen Film an. Die Wodka-Trinkerin fragte weiter, und als sie von meiner Wanderung zum Levinsky-Park hörte, wollte sie mitkommen. Ich hatte nichts gegen Gesellschaft auf meiner Reise, aber sie war in Partylaune, und das passte nicht zum Park und nicht zu mir.

Sie wollte reden, eigentlich mit ihrer Freundin, die versetzte sie vor einer halben Stunde, und so blieb ich. Wir setzten uns auf eine Bank an der Allenby-Straße. Sie hieß Adi und sie erzählte von ihrem Leben. Sie hatte ihr Video-Design-Studium abgebrochen, jobbte für die Homepage eines Kinderkanals, las die von Kindern verfassten Beiträge im Forum, löschte die Links, die auf Seiten führten, die nicht für Kinder gedacht sind. Und die Beiträge der Erwachsenen, die sich als Kinder ausgaben, um Kontakte zu knüpfen.

Dafür bekam sie umgerechnet vier Euro und 40 Cent die Stunde. Eine Wohnung konnte sie sich damit nicht leisten, wohnte bei den Eltern, und die wohnten nicht in Tel Aviv. Und ihr Ziel war es, in Tel Aviv zu leben. »Tel Aviv ist Israel.« Sie zog am Röhrchen. »Ohne Tel Aviv würde ich Selbstmord machen.« Und nach Berlin möchte sie wieder.

Ihr Großvater war ein Holocaust-Überlebender aus Polen, kam 1947 nach Israel, das damals noch Palästina hieß. Sie sagte das mit dem Großvater beiläufig. Ein Bettler trat an uns heran, blieb vor uns stehen, er trug eine weiße, aufgeplusterte Polyesterjacke. Er zeigte auf das aufgeschnittene Brötchen mit Sesam in seiner Hand. »Habt ihr ein, zwei Schekel, damit ich mir ein Schnitzel reinmachen kann?« Er war noch nicht weit von uns weg, da lachte Adi über ihn und seine Frage. Ich wollte weg von ihr, ihm folgen, er lief in die Richtung, in die ich heute Nacht wollte, zum Levinsky-Park. Ich wollte unten anfangen, und der Weg dorthin hatte schon begonnen.

Adi lief Richtung Strand, mit dem Pappbecher in der Hand, es war wohl nicht ihr erster heute. Ich schaute ihr nach. Noch in Sichtweite prostete sie mit dem Becher einem Soldaten zu, der ihr entgegenkam. Er blieb stehen, sie ging langsamer. Wer weiß, was aus beiden geworden ist. Ich überquerte den Rothschild-Boulevard, die teuerste Straße der Stadt. Ein Herrchen zeigte seinen Hunden etwas Grün, beide Hundeleinen hingen locker in der rechten Hand, der eine Mops trottete dem anderen hinterher.

Auf dem Boulevard saßen ein paar Leute unter Heizstrahlern an einer Theke, aßen Sushi. In der Bar nebenan trugen alle – die Gäste wie die Kellner – Schwarz. Die Ampel schaltete auf Grün, und ich ließ den Boulevard hinter mir, weiter die Allenby-Straße entlang. Ein streunender Hund suchte mit der Schnauze im umgekippten

Mülleimer nach Essbarem. Ein junger Israeli lief zum Fahrradständer neben dem Müll und sprach gleichzeitig in sein Handy. Ein Fahrradständer ohne Fährräder. Der Mann hob ein meterlanges, daumenbreites Fahrradschloss hoch, warf es auf den Boden, rannte davon, immer noch das Telefon am Ohr, nicht mehr sprechend, schreiend.

Ich bog in die Levinsky-Straße ab, es war nun kurz vor 23 Uhr. Ein Mann Ende dreißig kam mir singend entgegen, klatschte sich im Takt die ausgezogenen Arbeitshandschuhe in die Hände. Er sang seinen Feierabendsong. Die Gebäude sind das Gegenteil der Bauhaus-Meile am Boulevard. Grau in grau, Putz blättert ab, die Leitungen verlaufen offen an den Gebäuden. Selbst am Strand in bester Lage sehen viele Häuser so aus, doch dort ist Sand und Meer, das lenkt von den altersschwachen Bauten ab, an denen die salzige Meeresluft nagt. Und hier liegt nur der Park, der Levinsky-Park.

Scheinwerfer erleuchteten ihn grell an manchen Stellen, vieles blieb im Halbdunkel. Zwei orthodoxe Juden unterhielten sich, liefen weiter. Zwei andere Männer, Händchen haltend, der eine mit Kippa, überholten mich schnell. Nun war ich der einzige Weiße. Verstreut im Park vielleicht hundert Schwarze. Manche gingen auf und ab. Andere standen in kleinen Gruppen. Zwei Kinder schaukelten mitten in der Nacht auf dem Spielplatz. Mehrere Rutschen verliefen nebeneinander, bildeten mit ihren Leitern und Verschalungen eine Burg aus Plastik.

Vor deren Mauern, vor dem Burggraben, ein Schlafplatz der Bewohner des Levinsky-Parks. Sie schliefen dicht an dicht, ein Obdachlosen-Park. Die Polizei lässt sie hier schlafen, scheucht sie nicht weg, wie an anderen Orten der Stadt, hatte ich gehört. Der Park gehört nachts denen, die ganz unten angekommen waren.

Noch war Platz für den Mann im grauen Pullover und der schwarzen Jacke. Er setzte sich auf eine Decke, zog sich eine dünne gelbe und eine dicke grüne erst über die Beine, die Brust, den Kopf.

Sein ganzer Körper war von Stoff überspannt. Er lag zwei Meter neben dem Ausgang der größten Rutsche, dem Burgtor.

Ich setzte mich auf eine Mauer im Park. Schaute über die Burg und die Menschen, die sie nicht aufgenommen hatte. Diese Nacht kannte edle Ritter. Zwei Frauen stiegen aus einem weißen Kombi, gingen in den Park, zu denen, die noch wach waren, einen Kreis bildeten und redeten. Sie sprachen mit ihnen, gestikulierten. Drei aus dem Kreis folgten den Frauen zum Kofferraum des Kombis, kamen mit vollgepackten Tüten zurück.

Ich schaute weiter zur Burg. Unfähig mich zu bewegen, zu müde geworden vom Tag, ich wusste, was ich noch zu tun hatte, aber noch nicht tun konnte. Andere taten es für mich. Vier neue Ritter, ohne Ross und Rüstung, traten in den Kreis. Sie hielten zwei Kochtöpfe und stellten sie in der Mitte ab, schüttelten Hände, holten Plastikbecher und Löffel heraus.

Einige der Wachen gingen zu den Schlafenden, weckten sie. Sie versammelten sich um die zwei Töpfe, erst fünf, dann vielleicht fünfzehn. Aus Plastikbechern löffelten sie Suppe. Eine Viertelstunde verging. Die jungen Ritter, zwei Männer, zwei Frauen, zwischen zwanzig und dreißig, schritten fort mit ihren Töpfen, ich folgte und sprach sie an. Der, der am meisten von ihnen auffiel, hieß Noam. Er hielt seine Laptoptasche noch in der Hand und nahm sie mit zur Suppenausgabe. Er hatte an diesem Tag lange gearbeitet, kam direkt vom Büro, sagte er mir.

Vor ein paar Tagen war ein Parkbewohner erfroren. Die Medien berichteten darüber, und seither kamen mehr Helfer als sonst. Noam erzählte mir davon und wie er die anderen drei über das Internet kennengelernt hatte, wie sie sich zum gemeinsamen Kochen getroffen hatten heute Abend. Die anderen wollten weiter, eine der Frauen sagte zu ihm etwas auf Hebräisch. »Lust auf ein Bier?«, fragte er mich. Ich hatte Lust, aber in diesem Park noch etwas zu erledigen.

Es dauerte eine weitere Stunde, in der ich feige durch den Park schlenderte, bis ich endlich einen aus dem Kreis ansprach, der längst kein Kreis mehr war, weil viele aus dem Kreis vor den Rutschen schliefen. Er stand am Spielplatz, fand keinen Schlaf, so wie ich, wir schauten uns an und gingen aufeinander zu.

Wir reichten uns die Hand, nannten unsere Vornamen. Abdullah war aus dem Sudan nach Israel geflohen. Seine Frau und zwei Kinder, beides Jungs, leben noch dort. Im Krieg. Er selbst hätte es nicht länger überlebt, als Mann und potentieller Kämpfer war der Märtyrertod nur eine Frage der Zeit. »Sind alle aus dem Sudan«, sagte er und zeigte auf die Burglandschaft. Er wollte Geld verdienen, der Familie etwas zukommen lassen, doch auf Arbeit hoffte er nicht mehr. Seit vier Monaten war er in Israel, und der Park war die Endstation. Ich drückte Abdullah Geld in die Hand und wusste, es würde nicht helfen.

Hilflos ging ich weit nach Mitternacht zurück. Auf der Allenby versuchte der Anführer einer Gruppe Israelis den Türsteher eines Stripplokals zu bestechen. Er hielt ihm einen roten 200-Schekel-Schein vor die Nase. Der stämmige Aufpasser schmunzelte und schüttelte mit dem Kopf. 40 Euro waren offenbar nicht genug.

Der Wind schob mich am nächsten Morgen über die Pflastersteine. Er wehte kräftig und trieb mich voran. Ich überließ es ihm, welchen Weg nach Norden ich einschlug, an welchen Stellen ich links oder rechts abbog. Zur Orientierung sah ich immer wieder den Strand linker Hand. Das gefiel dem Wind nicht und er blies so stark, dass ich den Schutz der Häusermauern suchte, den Meerblick aufgeben musste, ein paar hundert Meter vor dem Hafen rechts in die Gordon-Straße flüchtete.

Ich wollte aber nicht nach Osten, sondern nach Norden und bog in die Ruppin-Straße ab. Bis jetzt kam mir niemand zu Fuß entgegen. Die Stadt war menschenleer. Im Sommer mag das anders sein, an einem stürmischen Tag im israelischen Winter könnte man, mitten in Tel Aviv, einen Endzeit-Film drehen: die nach dem Supergau evakuierte Stadt. Man müsste nicht einmal Geld für Straßensperren ausgeben, keine Passanten vom Set fernhalten, am helllichten Tag könnte man filmen. Tel Aviv ist eine Sommerstadt, sie scheint im Winter – zumindest in manchen Vierteln – zu schlafen.

Eine Südostasiatin in ausgefransten Jeans schob eine alte Dame in ihrem Rollstuhl. Deren Hände lagen gefaltet auf dem Schoß, die Augen waren unter großen, braunen Sonnengläsern verborgen. Ich kannte solche Paare, hatte sie schon oft gesehen, viel von ihnen gehört. Ohne die billigen Gastarbeiterinnen aus Südostasien und Osteuropa würde das System der Altenbetreuung auch in diesem Land zusammenbrechen. Sie verdienen zwischen 400 und 800 Euro im Monat, aber das Leben in Israel ist teuer. Manche betreuen die Alten rund um die Uhr, wohnen bei ihnen. Kennen kein Privatleben. Die Büros in Rumänien, Bulgarien, auf den Philippinen und in Nepal, die sie nach Israel vermitteln, verlangen vierstellige Summen Provision.

Ich hatte bei meinen Recherchen einen israelischen Kriegsveteranen kennengelernt. Er lebte in einer Villa im Norden Tel Avivs. Wir saßen auf der Terrasse, er machte mir einen Espresso und stellte Gebäck auf den Tisch. Als ich die Gästetoilette aufsuchte, im Untergeschoss, saß seine südasiatische Pflegerin im Vorraum, schaute Fernsehen, wartete auf Arbeit, sie war zugleich die Putzkraft des Hauses.

Das Paar auf meiner Wanderung durch Tel Aviv rollte auf der Straße, die Gehwege waren versperrt von Fahrrädern, Motorrollern, Mülleimern, einem Lieferwagen, der Baumaterial auslud. In den Vorgärten der Häuser wuchsen dicht mit Laub bedeckte Bäume mit verschlungenen Ästen, Wurzeln, die wie Lianen herabhingen, sich im starken Wind auf und ab bewegten. Ich fragte einen Mann, der mit zwei Begleiterinnen eilig ein Haus verließ, zum Auto wollte.

»Wie heißt der Baum?«

»Keine Ahnung. Tut mir leid.«

»Ein Ficus«, sangen die zwei Frauen im Chor.

Ich kannte die meisten der in dieser Straße wachsenden Pflanzen nur aus dem Botanischen Garten oder in Kleinformat aus dem Wohnzimmer meiner Mutter.

Ich wusste noch immer nicht, was der Wind mit mir vorhatte, was ich hier sollte. Aber ich wollte ihm vertrauen und ging weiter, balancierte auf Bewässerungsschläuchen, die die Erde durchzogen, überquerte eine Promenade, blickte an Häusern vorbei auf das Meer, sah rechts die Stadt und vor mir das Ben-Gurion-Haus. Ich schmunzelte über den Wind, der mich zu David Ben-Gurion brachte. Eine Legende in Israel, der Mann mit der Halbglatze, den seitlich weit nach oben stehenden grauen, buschigen Haaren. Er verlas 1948 die Unabhängigkeitserklärung, war der erste Premierminister, führte den ersten Krieg des Landes. Und von ihm stammt der Satz: »Wer nicht an Wunder glaubt, ist kein Realist.«

Seine Residenz in Tel Aviv ist heute ein Museum. Aber ich wollte nicht hinein, verhandelte mit dem Wind. Ich wollte auf dieser Reise keine Sehenswürdigkeiten besuchen, keine Museen, keinen Reiseführer schreiben. Einer der beiden Sicherheitsmitarbeiter am Tor sah mein Grübeln und führte die Entscheidung herbei. Er winkte mich durch das Fenster zu sich, und mit einem Summen öffnete sich der Eingang. Der Wind hatte Verbündete.

Im Haus traf ich auf eine Museumsmitarbeiterin wie im Hollywoodfilm. Strenger Blick durch die Brille, die Kaffeetasse in der linken Hand, einen dicken Stapel Papier unter dem rechten Arm. Sie entschuldigte sich für die hinter Glas präsentierten Gastgeschenke aus Burma, Thessaloniki, von einem Mayor aus Toronto, für das viele Porzellan und das teure Metall. »Das war bei Ben-Gurion damals nicht so.« Bevor ich nachfragen konnte, war sie am anderen Ende der Treppe verschwunden.

Manche der Exponate standen außerhalb der Vitrinen so ungeschützt da, dass ich sie hätte mitnehmen können. Die Museumsmitarbeiterin würde das sicher freuen. Aber ich hatte noch eine lange Reise vor mir. Das Haus war voller Bücher, die einfach in Regalen standen. »Hebrew Ethical Wills« könnte ich mir in die Jacke stecken oder »The Modern Hebrew Poem Itself«.

Ich war der einzige im Haus, es hätte keine Zeugen gegeben. Vielleicht entdeckte ich noch Notizen von Ben-Gurion in den Büchern. Vielleicht waren die Bücher auch gar nicht aus seiner Zeit und die Sessel und die Teppiche. Aber alles blieb an Ort und Stelle, nur ich ging. Mein letzter Blick fiel auf eine Museumsmitarbeiterin, sie war nicht wie die andere, nicht aus dem Drehbuch, sondern aus der Realität des globalen Sicherheitsgewerbes.

Die Tür zu ihrem Büro stand offen, auf dem linken Monitor versammelten sich die Bilder der Überwachungskameras aus allen Räumen als ein Gesamtpuzzle. Ich war also nicht alleine gewesen. Doch die Mitarbeiterin beschäftigte sich mit ihrem Laptop und spielte Solitär. Sie überhörte mein Schalom, so konzentriert war sie bei der Sache.

Ich bog in die Ben-Yehuda ab, weiter Richtung Norden. Je weiter nördlich, desto mehr Wohlhabende, hatte man mir gesagt. Die Ben-Yehuda war eine endlose Straße, die sich nach und nach verbreiterte. In einem Laden für Brautkleider blätterten zwei Frauen vielleicht Ende zwanzig in einem Schwarzweißband mit Aufnahmen. Friseur, ein Friseur, noch ein Friseur. Und ein Immobilienmakler. Von ihm versprach ich mir Hilfe, wollte wissen, ob ich schon bei den Reichen angekommen war. Der Makler saß mit seinem massigen Körper im Ledersessel, als wäre er mit ihm verwachsen, mit ihm unzertrennlich auf die Welt gekommen.

»Eine Wohnung mit drei Zimmern kostet Sie zwei Millionen Schekel in diesem Viertel«, sagte der Sesselmann. Das waren 400 000 Euro. »Ohne Lift oder Parkplatz«, ergänzte er, der mich mit den nüchternen Ansagen offenbar eher abschrecken als gewinnen wollte. Vergleichbar mit anderen europäischen Hauptstädten, dachte ich. Doch diese Ecke sah oberhalb der Ladenschaufenster nicht besser aus als das südlichere Tel Aviv, von dem ich gekommen war. Es waren Häuser, die ihre besten Jahre hinter sich hatten, mit alten Fenstern und ohne Farbe. »Kein Luxus, aber zentral«, nannte das der Makler etwas trotzig.

Ich musste weiter in den Norden, überquerte die Arlozorov-Kreuzung, kaufte Datteln, die eine Autostunde von diesem Laden entfernt geerntet worden waren. Die Restaurants veränderten sich. Vor einer halben Stunde hätten die Kellner noch um jeden Kunden gekämpft. »Please wait to be seated«, stand nun vor dem Eingang. Ich kam an einem Juwelier vorbei und traf auf die Dizengoff-Straße, die nach einigen Minuten abrupt vor einem Hinweis aus Stein endete.

An diesem Ort, so die Tafel, stand einst eine geheime Waffenfabrik der Haganah im Kampf gegen die Briten. Von der Waffenfabrik der jüdischen Untergrundorganisation, die gegen die britische Mandatsmacht gekämpft hatte, fehlte jede Spur. Statt dessen sah ich einen Laden, der »Scottish Wines and Alcohol« verkauft. Die Briten hatten den Platz zurückerobert.

Ich durchquerte ein Gewerbegebiet mit großen Hallen, hinter denen die Stadt irgendwo weitergehen musste. Vor einem Autowaschsalon blieb ich stehen. Ein junges Paar wartete vor seinem silbernen Toyota. Er trug Jackett und Jeans, die Einkaufstüte in der Hand. Sie hatte getigerte Leggings und Lederjacke an. Ein Schwarzer staubsaugte drei Meter vor ihnen den Kofferraum des Toyotas, ein weiterer kam hinzu, polierte mit einem gelben Lappen das Metall, lehnte sich in das Auto, reinigte die Fenster von innen.

Flinke, routinierte Bewegungen. Als hätte er sein Leben lang nichts anderes gemacht.

Ein Land Cruiser stand in der Warteschlange, ein anderer teurer Geländewagen daneben, ich kam dem Norden näher und hörte mich um. Die meisten, die hier schrubbten, waren aus Eritrea eingereist, einige aus Russland. Die zwei Eritreer am Toyota putzten auf der einen Seite des Autosalons, auf der anderen nahmen inzwischen die Besitzer, der Mann mit dem Jackett und die Frau mit den Leggings, Platz auf Plastikstühlen und schauten zu.

Im Zubehörladen neben der Waschstraße stand eine Espressomaschine für die Kunden. Ich holte mir einen kleinen Plastikbecher und schüttete zwanzig Meter später den Espresso, der nach Waschwasser schmeckte, zu einer Palme, die noch wachsen musste. Ich überquerte eine Fußgängerbrücke über den Yarkon. Am Ufer des Flusses stand ein alter Angler in grauem Jogginganzug. Ich sah die Hochhäuser im Norden, wusste nicht mehr, ob ich es noch schaffte bis dorthin, wollte es aber und dachte nicht an den Rückweg.

Zwischen der Start- und Landebahn eines kleinen Flughafens und dem Meer, am Strand entlang, suchte ich den kürzesten Weg und irrte mich. Ein älterer Jogger kam mir entgegen, die Kopfhörer auf, gegen den immer noch starken Wind rennend, der mich seit Stunden voranschob. Der Jogger schaute mich so vorwurfsvoll an, als hätte ich ihm diese Tortur zweimal die Woche verschrieben.

Hinter dem Rollfeld, auf den Parkplätzen der Hochhäuser, ließen sich die Mieten erahnen. Ein Lexus, ein Mazda-Cabrio und ein S-Klasse-Mercedes glänzten nebeneinander wie auf dem Parkplatz eines Autohändlers. Und diese Autos waren in Israel weit teurer als in Europa. Ich wollte mit jemandem reden über das Leben hier, so wie im Levinsky-Park gestern Nacht. Aber es kam niemand. Ich musste mich mit dem teuren Blech auf vier Rädern zufriedengeben, mit den Blumentöpfen hinter den getönten Balkonscheiben. Mit den verschlossenen Toren und Türen.

Eine Junge, Surfbrett unter dem Arm, radelte mir entgegen. Ein sehr alter Mann tappte, sich auf seiner Gehhilfe abstützend, voran. Er hielt an, atmete tief, war mit sich beschäftigt und ich wollte ihn nicht stören. Eine Asiatin ging an seiner Seite. Wenn er tappte, tappte sie, wenn er stehen blieb, blieb sie stehen. Sie tappten synchron, waren eins und brauchten keine Worte. Er hielt die Gehhilfe. Sie strickte geduldig.

Niemand war da für ein Gespräch und die Füße taten weh, ich wollte zurück, den kürzesten Weg, der lang genug sein würde. Ich sah eine vierspurige Straße in den Süden, das Zentrum in weiter Ferne. Ich setzte mich in den Schatten einer Palme und verzweifelte. Die Straße hieß Namir und hatte keinen Gehweg, es war nur Autoasphalt. Die meiste Zeit in den kommenden Wochen würde ich auf Straßen gehen müssen. Doch das wusste ich noch nicht. Statt dessen ärgerte ich mich, was immer Namir geleistet hatte für dieses Land, es war nicht genug, seiner Straße auch einen Gehweg zu spendieren.

Ich hatte keine Zeit für Umwege, ich wollte zurück, in den Süden, weg von den Cabrios, S-Klassen und Geländewagen, zu den kleinen Suzukis, Mitsubishis und Hyundais. Ich lief auf dem Gras neben der vierspurigen Straße zurück in die Stadt, über die Einstein-Straße immer weiter. Weiter. Weiter. Erst in der Unterkunft angekommen, nach einem Tag Wanderung, merkte ich etwas und wunderte mich. Auf meinem Rückweg in den Süden hatte ich keinen Gegenwind.

Ich sah obere und untere Schichten Tel Avivs. Ärgerte mich, mit oben nicht gesprochen zu haben. Ich würde noch genug kennenlernen auf meiner Reise, tröstete ich mich. Doch ich wollte die Mitte nicht vergessen. Ich wollte mich mit ihr verabreden, in einem Café, zu einer festen Zeit und ohne Wind.

Doch wie fand ich sie, die Mitte? Ich wusste, sie war wütend, sie protestierte, hatte sogar in Zelten im Zentrum geschlafen, um gegen zu hohe Lebensmittelpreise, Steuern und Mieten zu demonstrieren. Und sie forderte ein besseres Gesundheits- und Bildungssystem.

Um die wütende Mitte zu finden, brauchte ich Hilfe, und wer konnte besser helfen als die Menschen, die darüber wochenlang berichteten. Ich rief bei der Zeitung *Haaretz* an, schilderte mein Problem, meine Suche, und nach drei Weiterleitungen sprach ich mit einer Reporterin, die mir einen Namen und eine Telefonnummer nannte. Nach einem weiteren Telefonat stand meinem Treffen mit der wütenden Mittelschicht nichts mehr im Wege. Dachte ich.

Die wütende Mitte erschien nicht zur vereinbarten Zeit am Platz des Nationaltheaters. Es war ein morgendlicher Termin und sie hatte ihn verschlafen. Das war nicht meine Vermutung, sondern ihre offizielle Erklärung am Telefon, nachdem ich mehrmals angerufen und mit einem Anrufbeantworter gesprochen hatte. Nachdem ich mehrere SMS verschickt hatte. Nachdem ich es aufgegeben hatte und die Straße zurück zu meiner Unterkunft gelaufen war. Doch die Ehrlichkeit machte mir die wütende Mittelschicht wieder sympathisch.

Sie kam zum neuen Treffpunkt und der neu vereinbarten Zeit eine weitere Stunde zu spät. Ich hatte das Café mit den klaren Formen der Bauhaus-Architektur ausgesucht, weil ich mich auf eine längere Wartezeit einstellte und es auf meinem Rückweg vom Theater zu meiner Unterkunft lag. Ich trank Tee und wartete mit Blick auf ein altes, schwarzes Klavier vor einem leeren Zettel, der sich Schluck für Schluck mit meinen Fragen füllte. Einweckgläser mit Gemüse standen auf dem Fensterbrett. Ich versank in dem braunen, abgewetzten Ledersessel und fragte mich, wie sie aussieht, die Mittelschicht. Bis sie kam und all meine Fragen beantwortete.

Sie trug roten Nagellack, ein weißes Hemd, darüber einen dunklen Pullover. Sie gehörte zu der Gruppe, die am ersten Tag des Protestes ein Zelt aufgeschlagen hatte. Mitten in der Stadt, auf dem Rothschild-Boulevard, den ich in meiner Nachtwanderung auf dem Weg zum Levinsky-Park überquert hatte. Sie hatte Mathe und Politik studiert, Südafrika und Südasien bereist. Und sie hatte früher als Journalistin gearbeitet. Undercover.

Sie wechselte ihre Identität und schrieb darüber, lebte als Siedlerin oder arbeitete als Stripperin. Sie hatte mit dieser Idee Erfolg. Und sie verdiente mit dieser Arbeit 10 000 Schekel, rund 2000 Euro netto im Monat. Ein mittelschichtiges Gehalt in Tel Aviv. Sie lebte mit ihrem Partner in einer Wohnung, die mit den Nebenkosten mehr als die Hälfte ihres Gehaltes kostete. Und das war einer der Gründe, warum sie auf die Straße ging und aus Protest zeltete.

Wir redeten vor der Tür des Cafés, damit sie rauchen konnte, Winston-Zigaretten. Zum Zeltprotest kam sie über ihren Partner. Der erhielt den Anruf einer Freundin. Sie sei aus ihrer Wohnung geworfen worden, hätte sich die teuren Mieten nicht mehr leisten können, erklärte sie ihm am Telefon. Sie würde nun ein Zelt aufbauen, im Stadtzentrum. Und sie fragte, ob er auch dabeisein wollte. Er wollte. Und seine Partnerin, die vor mir stehend an einer Winston zog, machte mit.

Alles andere stand in den Zeitungen. Aus dem Zelt wurden Zelte, aus den Zelten wurden Zehntausende Demonstranten, aus Protesten mit Zehntausenden wurden Proteste mit knapp einer halben Million. Und meine Gesprächspartnerin war immer vorne mit dabei. Ihr Vater sah sie in den Nachrichten. Ein besonderes Wiedersehen. Sie hatten keinen Kontakt über Jahre, es war nicht das beste Verhältnis gewesen. Mehr sagte sie mir dazu nicht. Und mehr fragte ich nicht.

Ihre Eltern leben getrennt, kommen aber aus der »gehobenen Mittelschicht«, wie sie es nennt. »Mein Vater fährt einen Mercedes. Meine Mutter wohnt im Norden Tel Avivs.« Das Leben der Eltern hatte ihr früher Mut gemacht. »Ich hatte gedacht, dass es mir immer gutgehen wird.« Wir stehen wieder vor der Tür mit einer Winston. »Du schaffst es! Wenn du hart arbeitest.« Das dachte sie. »Dann wachte ich auf.« Ich wollte mehr wissen über diesen Traum.

Sie musste nicht überlegen und erklärte ausführlich, was in ihr vorging. »Die Kosten steigen und steigen. Kein amerikanischer Traum. Kein israelischer Traum. Keine Chance! Meine Kreditkarte wurde mir gekündigt. Ich machte Schulden. Jeder hatte Schulden. Nur keiner sprach darüber. Doch der Protest änderte das. Wir fingen an, Fragen zu stellen: Wieso ist es so teuer, hier zu leben? Wieso sind die Steuern so hoch? Und der Staat sagte: Es ist Krieg! Redet nicht über die soziale Situation! Haltet das Maul! Seid froh, dass ihr lebt!«

Wir saßen wieder auf dem abgewetzten Sofa. Von den Nachbartischen schaute keiner zu uns. Es war ein mittelschichtiges Café und ein mittelschichtiges Gespräch. »Die Leute denken beim Einschlafen nicht an die iranische Bombe, nicht an die Palästinenser. Sie überlegen, mit welchem Geld sie Lebensmittel einkaufen sollen. In der Politik geht es immer um andere, nie um uns!«

Der Protest veränderte für sie persönlich viel. Sie arbeitet nicht mehr im alten Job. Sie war hauptberufliche Protestlerin zum Zeitpunkt unseres Treffens. Auch ohne Zelte. Doch die größte persönliche Veränderung war etwas anderes. Ihr Vater, der mit dem Mercedes, mit dem sie über Jahre ein schwieriges Verhältnis hatte, nicht mehr sprach, er rief sie an, als er sie im Fernsehen gesehen hatte. Und: Er protestierte mit. Sie sprechen wieder miteinander. Und sie haben ein gemeinsames Thema, das immer neue Nahrung bekommt. »Der Strompreis ist wieder gestiegen«, erklärte sie mir zum Abschied.

Die Nacht vor der Weiterreise saß ich im Sand. Hörte den Wellen zu. Wenn ich immer weiter nach Norden wandern würde, am Strand und auf den Straßen am Meer entlang, wäre ich nach fünf Tagen an der Grenze zum Libanon. Wenn ich dem Strand immer weiter nach Süden folgen würde, nach zweieinhalb Tagen im Gazastreifen. Doch ich suchte zunächst den israelischen Gegenpol zu Tel Aviv. Und ich wusste, wo ich ihn finden würde.

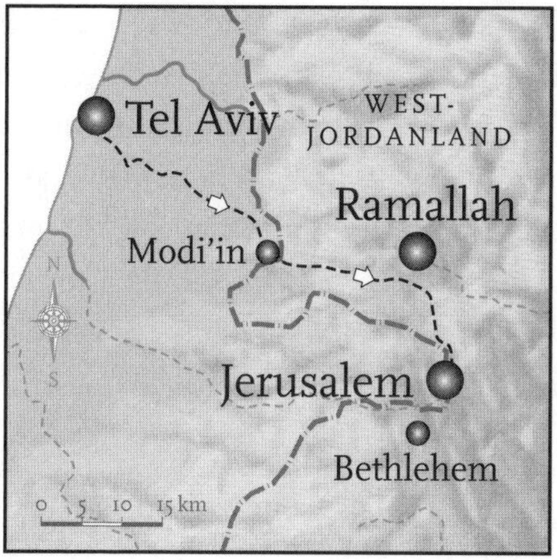

AUF DER SUCHE NACH HEILIGEN – ERSTER VERSUCH

Ich wanderte auf Gehwegen neben den Stadtstraßen. Je weiter entfernt vom Zentrum Tel Avivs, desto ruhiger die Straße und unebener mein Weg, wackeliger die Pflastersteine. Immer weniger kamen mir entgegen, bis ich irgendwann alleine ging. Aus Allenby wurde die Ha'Aliya, aus der Ha'Aliya die Schocken und aus der Schocken nichts. Nichts war ein grüner Hügel, der für mich das Ende der Großstadtzivilisation markierte. Hinter dem Grün und drei Straßen später stand ich am Anfang der Road 44, eine der großen, die mich ein Stück weiter nach Jerusalem bringen sollte.

Der Gehweg löste sich auf, ein Seitenstreifen war nicht in Sicht, doch auf ihn hatte ich gehofft. Er sollte meinen Wanderweg markieren. Ich stand an einer Bushaltestelle hinter einem Autobahnkreuz. Völlig entmutigt blickte ich zu den vorbeirasenden Autos, dicht an dicht. Ich sah keine Gesichter, keine Fahrer, nur Metallmassen. Es begann zu regnen, ich zog eine Plastiktüte über meinen Rucksack, und ich streckte zum ersten Mal auf dieser Reise die Hand aus.

Keine fünf Minuten vergingen und ein Auto hielt einige Meter hinter mir. Ich beeilte mich, bevor es sich der Fahrer anders überlegen konnte. Was unmöglich war, wie sich herausstellte: Er hatte es sich erst gar nicht überlegt. Ich überraschte ihn, als ich neben der Scheibe der leeren Beifahrerseite auftauchte. Er sortierte Unterlagen, stellte etwas am Radio ein. Die Scheibe fuhr herunter. »Nach Jerusalem?«, fragte ich. »Nein, Modi'in.« Ich zog die Karte heraus. Das lag auf dem Weg. Immerhin. Hauptsache, einen Anfang finden. Weg hier.

Ich fragte, ob ich mitdürfte, er winkte mich rein. Kfir bedeutet junger Löwe, und so hieß der Mann am Steuer. Er trug eine schwarze Kippa. Auf meinen Spaziergängen in Tel Aviv war ich nur wenigen mit Kippa begegnet. Der Löwe war sich etwas unsicher mit mir, ich merkte es, vielleicht nahm er nicht oft Leute mit, vielleicht, weil ich kein Israeli war. Von Kilometer zu Kilometer schöpfte er Vertrauen, schaute sicherer, wusste, dass ich nichts Schlimmes wollte, nur nach Jerusalem.

Modi'in tauchte hinter meinem Fenster auf. Die Einwohnerzahl musste sich seit meinem letzten Besuch verdoppelt haben. Gab es schon Hochhäuser, damals? Die Bauweise war noch die alte: Haus dicht an Haus, wie auf dem Reißbrett geplant. Ohne Lust und Interesse an einer hübschen Stadtentwicklung. Billig viel Wohnraum schaffen, darum ging es in der Trabantenstadt zwischen Tel Aviv und Jerusalem.

Ich hatte damals in Modi'in einen Israeli besucht, der 1982 im Libanonkrieg gekämpft hatte. 22 Jahre alt damals. Er erzählte mir von den Bildern, die nicht mehr aus seinem Kopf gingen. Von dem Mann, der am Strommast hing, sein abgeschnittenes Geschlechtsteil im Mund. Von dem Massaker der christlichen Miliz in den palästinensischen Flüchtlingslagern Sabra und Schatila. Und von seinem Befehl, der lautete: »Nicht eingreifen.« Und von der Erklärung zu diesem Befehl: »Wenn du eingreifst, bist du involviert.«

Wir standen vor Fotografien in seinem Wohnzimmer. Ich fragte ihn, den Hausbesitzer, wo eines der Bilder aufgenommen worden sei. Er wusste es nicht und drehte das Bild um, um nachzulesen. Die Bilder und die Einrichtung waren im Preis inbegriffen, als er das Haus kaufte, dachte ich damals. Es würde zu dieser Stadt passen.

Der Löwe wohnt nicht in Modi'in, sondern arbeitet dort. Ich stieg an einer Kreuzung vor der Ortseinfahrt aus, stellte mich auf die Seite Richtung Jerusalem. Streckte die Hand wieder aus, und bevor ich überlegen konnte, wie ich auf dieser Tagesetappe vom Wanderer zum Anhalter werden konnte, hielt ein MAN-Lkw vor mir. Der Fahrer, auch mit schwarzer Kippa, winkte mich zu sich.

Radiomusik beschallte die Fahrerkabine. Er hielt mir eine Tüte mit der Aufschrift »Purple Sweet Potato Treats« entgegen, ich nahm mir eine der getrockneten Süßkartoffeln. Die ganze Ladefläche sei voll davon, erklärte er mir mit einer ausladenden Handbewegung. Die Strecke, die wir vor uns hatten, kannte ich gut. Ich wollte sie nicht mehr fahren. Doch vielleicht musste es heute sein.

Im Radio lief *U2*, Bono sang *One*, während der schwere MAN über den Asphalt rollte: »One Love. One Live.« Auf der israelischen Straße mitten durch das Westjordanland, Palästina. »We're one, but we're not the same.« Eine Straße, die lange nur für die gelben Nummernschilder der Israelis war. »Carry each other.« Nicht für grüne, palästinensische. »Have you come here for forgiveness?« Schranken und große Steinquader blockieren die Auffahrt. »Have you come here to play Jesus?«

Eine Straße hat keine Absperrungen, Fahrzeuge können von ihr abfahren, über Metallhaken, die entgegenkommenden Autos die Reifen aufschlitzen würden. »We're one.« Auf der linken Seite, hinter Stacheldraht, Militärgebäude oder Siedlungen. Ohne eine der Karten der Vereinten Nationen war ich ratlos. »But we're not the same. Well we.«

Die Straße verbindet die israelischen Siedlungen mit Israel und führt zugleich auf dem direkten Weg nach Jerusalem. Palästinenser mussten jahrelang die Autobahn umfahren, Unterführungen suchen. »Hurt each other.« Der Süßkartoffel-Transporter fuhr an Wachtürmen vorbei. »Then we do it again.« An Militärstützpunkten. »One blood.« An Checkpoints. »One love.« An palästinensischen Dörfern. »One life.« Die dazwischenlagen. »One.«

Der junge Grenzpolizist am Kontrollpunkt vor Jerusalem winkte uns rechts raus. Mein Fahrer machte die Tür zur Fracht auf, was immer man in einer Sekunde sehen konnte, es reichte. Wir fuhren weiter. »Wohin willst du?« Ich überlegte. Wusste es selbst noch nicht. Jerusalem. Die Stadt der Religionen. Der Gegenpol zu Tel Aviv. Mit seinem religiösen Zentrum, die Altstadt. »Zur Altstadt.« Der Lkw kam zum Stehen, der Löwe warf mir eine Packung süße Kartoffeln zu. Wir lachten beide. »Immer diese Straße lang«, sagte er. Das kannte ich. So hatte der Tag angefangen.

Ich stand vor dem Finanzministerium und erkannte die Jaffa-Straße wieder. Sie führte mich quer durch die Innenstadt zu den Mauern der Altstadt. Die Menschen, nicht wie in Tel Aviv, sondern wie in einem anderen Land. Das Jerusalem-Land. Orthodoxe Juden, Männer in schwarzen Mänteln und mit schwarzen Hüten. Ihre Frauen, getrennt von den Männern, mit schwarzen Röcken, Kopftüchern. Ich ließ mich von den Leuten treiben, sie führten mich weg von der Jaffa-Straße in den Markt.

Wie ein Sog. Der Markt verschluckte mich. Vorbei an getrockneten Feigen, Datteln, an Pfefferkörnern und Kamille in Säcken, Kaki, Avocados und einem Kippa-Stand. Eine Kippa mit Davidsternen in Schwarz, eine in Silber, in Orange, in den Nationalfarben, eine gehäkelte, eine rote ohne Davidstern, eine mit einem Fußball spielenden Jungen und eine mit rot-weißem »Coca-Cola«-Aufdruck.

Ein dicker Fischverkäufer stand mit in die Hüfte gestemmten Armen stolz neben einem halbierten Lachs. Nicht der Sog, sondern mein Magen führte mich in den Markt. Den Tag über hatte ich noch nichts gegessen und getrunken. Ich bog in ein kleines Marktlokal ab, setzte mich an die lange Bar und schaute auf die zwölf Töpfe auf der anderen Seite, manche groß genug, um eine Schulklasse zu sättigen. Die Bedienung stellte mir ein gezapftes Bier und einen kleinen Teller mit sauer eingelegtem Gemüse auf den Tisch.

»Wir haben heute Maqlube. Kennen Sie das?« Das überfiel mich. Klar. Kannte ich. Aber wieso schon hier? In Israel? Ich verband es mit Palästina. Dutzenden Gastessen. Stolzen Gastgebern. Maqlube, Reis mit Lamm oder Hühnchen und Auberginen oder Blumenkohl. Im Kreis sitzend. Von einer großen Platte schaufelnd oder sich auf den Teller schaufeln lassend. Und jetzt schon. Ohne richtig Gast gewesen zu sein. Ohne es sich verdient zu haben. Der Magen kürzte die Gedankengänge ab, wollte nicht politisch werden, wollte essen. Er bestellte Maqlube.

Nächtigen, wo Mark Twain und Herman Melville schliefen! Das musste es in der ersten Jerusalemer Nacht meiner Reise sein. Nach dem langen Tag. All den Sorgen, überhaupt auf meine Weise nach Jerusalem zu kommen. Zugegeben mit großer Hilfe meiner zwei Fahrer. Das Petra Hostel liegt in der Altstadt, nahe des Jaffa-Tores und war angeblich das erste Hotel Jerusalems.

Die mächtigen Mauern der Altstadt lagen hinter mir, von Scheinwerfern in Szene gesetzt. Ich arbeitete mich die Treppen des ältesten Hotels hoch. Orientierte mich an einem Kabel, das links von mir verlief. Heute heißt das Hotel nur noch Hostel, vermutlich und zurecht, um keine Hoffnungen zu wecken.

Ein junger Hotelmitarbeiter empfing mich in der Lobby, in einem Glaskasten sitzend. Die Telefonbox neben mir war verkabelt.

Ich ließ mir ein Einzelzimmer zeigen. Auf den ersten Blick sah ich auch dort nur Kabel. Kabel, die aus den Wänden hingen. Kabel, die links über der Tür angebracht waren. Kabel, die in einer Box verschwanden und aus einem Fass wieder herausführten. Auf den zweiten Blick sah ich weitere Kabel. Auf den dritten ein Doppelbett, das den winzigen Raum ausfüllte.

Vermutlich hatten die Eigentümer das Hotel seit seiner Eröffnung 1820 nicht mehr renoviert. Nur verkabelt hatten sie es. Ich hörte vom schmuddeligen Image. Kam aber wegen Twain und Melville.

»Ist das das Zimmer von Mark Twain?«, fragte ich auf Englisch.

Der Hotelmitarbeiter, der meine Zimmerbesichtigung argwöhnisch beobachtete, schaute mich fragend an. Ich fragte noch einmal, änderte den Satzbau, vielleicht lag ein Sprachproblem vor.

»Dieses Zimmer. War hier Twain?«

»Twain?«, fragte der Hotelmitarbeiter nach.

»Ja. Mark Twain.«

Er rief einen weiteren Mitarbeiter herbei.

»Das Zimmer«, versuchte ich anders und nun zu beiden sprechend, »hat hier Mark Twain geschlafen?«

»Twain?«, fragte auch der andere.

Sie schauten sich beide an. Bevor ich etwas erklären konnte, lief einer zum Glaskasten, ich folgte, er sah im Computer nach.

»Hier ist kein Twain!«, sagte der erste etwas empört.

Tippte weiter in den Rechner und sagte etwas lauter: »Er übernachtet nicht mehr hier!«

Der andere Mitarbeiter reagierte noch aufgebrachter, weil er wohl dachte, ich unterstellte ihm, einem anderen, dem Herrn Twain, das Zimmer vermietet zu haben. Ich versuchte es mit Melville.

»Und Melville?«, fragte ich. »Wo ist sein Zimmer?«

Ich fragte nur so, denn ich wollte viel lieber bei Twain schlafen.

Leichte und lustige Lektüre verband ich mit seinem Namen, Huckleberry Finn und Tom Sawyer. Auch bei Melville schüttelten beide die Köpfe. Ich war enttäuscht. Ein Mann tauchte plötzlich vor mir auf, er wirkte doppelt so groß und breit wie die Kollegen zusammen. Alle bisherigen Mitarbeiter einschließlich mir wirkten gegen ihn wie Hobbits.

»I'm the boss«, stellte er sich mir vor. Ich fragte leise nach Twain. Er nickte mit dem Kopf. Klärte seine Mitarbeiter auf, sagte »Raum 30«. Einer von ihnen und ich verließen die Lobby, entkamen dem Riesen, traten ins Freie, gingen eine Treppe hinab, durch einen Tunnel und blieben, wieder draußen, an einem steinernen Eingang stehen. Er öffnete und ließ mich eintreten.

Ich bestaunte eine kabelfreie Hobbithöhle, ohne jegliche Notiz seines berühmten Gastes, verpackte Hotelseife auf dem Bettlaken im Muster eines vergangenen Jahrhunderts. Immerhin. Doch ich fühlte mich ganz einsam in diesem dunklen Loch und ging zu einem anderen Schlafsaal in der Altstadt, zum Österreichischen Hospiz. Zu den Pilgern. Dort konnte für nicht wenig Geld in den oberen Geschossen und für wenig Geld im Keller genächtigt werden. Ich buchte den Keller.

Das christliche Pilgerhotel ist ein Wiener Schloss, umgeben von den einfachsten Wohnungen der Einheimischen, vor allem von muslimischen Altstadtbewohnern. Es war später Abend, als ich beim Österreichischen Hospiz klingelte. Eine Kamera filmte mich am Eingang und den arabischen Jungen, der neugierig hinter mir stand. Es summte und ich durfte weiter. Das Kind nicht. Eine Wache mit Schäferhund empfing mich hinter einer Tür in einem kleinen Raum sitzend. Eine weitere Kamera und ein weiteres summendes Tor folgten. Schweizer Tresore sind nichts gegen österreichische Pilgerhotels.

Ich ging die Stufen hoch, auf den Eingang zu, aus dem eine Nonne im weißen Gewand mit einem weißen Hund im Arm trat.

Die Schwester, so erfuhr ich, gehörte zu dem katholischen Pilgerhotel und kümmerte sich um den zugelaufenen Hund. »Komm Benny, komm«, sagte sie zu ihm und streichelte ihn, als wäre es der arabische Junge vor der ersten Überwachungskamera, wo er vermutlich noch immer stand. Zumindest sah ich ihn nicht auf einem der Stühle unter den Palmen im Garten sitzen. Ob er sich bei Benny wohlgefühlt hätte, ist reine Spekulation. Die Eltern des Kindes, falls muslimisch wie die Mehrheit in diesem Viertel, hätten sicher an einem Hund keine Freude, er gilt ihnen als unrein. Das störte im Pilgerhaus im muslimischen Viertel offenbar niemanden.

Im Foyer sprach man Österreichisch. Im Restaurant servierten für rund vier Euro am Tag arbeitende Freiwillige aus Österreich und Deutschland ein Wiener Schnitzel mit Sachertorte zum Preis eines Tageslohns der arabischen Nachbarn. Ich bestellte ein tschechisches Bier, mindestens drei Stunden Arbeitslohn, setzte mich auf eine mit rotem Stoff bezogene Bank und wartete, ohne zu wissen worauf.

Brocken vom österreichischen Nachbartisch kamen bei mir an. »In Oberbozen sprechen sie ...«

»... wenn du in Bozen bist, dann fährst du ins obere Etschtal ...«

»... da kann man wunderbar Eierschwammerl sammeln gehen ...«

»... Oberbozen ...«

»... bei der Maria-Himmelfahrtskapelle ...«

»... wir aus den Außenbezirken Österreichs sollten doch eigentlich zusammenhalten ...«

Die Diskussion fand neben dem sogenannten »Kaiserstüberl«, einem Nachbarzimmer, statt, und in meinen Ohren klang sie wie eine Satire.

Ich blickte auf ein Porträt des Kaisers. Auf der anderen Seite des Raumes, schräg über der Espressomaschine, hing Jesus am Kreuz und schaute auf Apfelstrudel mit Schlagobers. Pilger am Nachbartisch googelten auf einem Laptop die Reise des nächsten Tages. »Zur Strafe drei Stunden Ramallah!«, berlinerte ein Budweiser Trinkender zu seinem Tischnachbarn, der es nicht lustig fand. Die Nonne trat ein, ohne Benny, dem Hund. Es war abends, acht Uhr, sie bestellte Apfelstrudel mit Schlagobers und setzte sich zu einigen Besuchern.

Eine junge Frau am Tisch neben ihr hatte sich von ihren Schuhen gelöst. Den Kaiser störte es nicht. Die Nonne sah die junge Frau, die ihre Füße auf den Schuhen abgelegt hatte. Sie wies sie zurecht: »Das ist ein Wiener Kaffeehaus. Ziehen Sie die Schuhe an!« Die Österreicher schwiegen, der Budweiser-Berliner hörte auf zu googeln. Wir blickten zu der jungen Frau und zur Nonne. Die Nonne wiederholte sich. »Das ist ein Wiener Kaffeehaus«, und zeigte dem Kellner die Frau, als ob die den Herrn Jesus ans Kreuz genagelt hätte. Die Frau zog die Schuhe an, zog sich den Pullover über das Kinn bis unter die Nase.

Später, die Nonne stand an der Kasse und ging Listen durch, bat ich sie um ein Gespräch unter vier Augen. Des Kaisers ordenbehangene Brust und Hundeblick im Nacken.

»Entschuldigung, ich weiß, das ist ein Kaffeehaus in Wien ... ich meine, ein Wiener Kaffeehaus.« Ich war etwas aufgeregt, vielleicht wegen ihres weißen Gewandes, den vielen Assoziationen, die eine Nonne bei jemandem hervorruft, der in einem katholischen Dorf aufgewachsen war.

»Ja«, antwortete sie freundlich.

»Aber das ganze Restaurant ... also Kaffeehaus ... hat gerade die Frau angeschaut, als ob sie etwas Schlimmes getan hätte. Sie hatte ja nur die Schuhe ausgezogen. Vielleicht war Ihre Kritik etwas zu laut vorgetragen.«

»Entschuldigung. Aber ich hab es ihr schon mal gesagt.«

»Sie spricht vielleicht kein Deutsch.«

»Sie hat es schon mehrmals gemacht!«

»Sie kommt vielleicht aus Italien, und auf der Piazza verhält man sich anders. Woher kommt sie?«

»Das weiß ich nicht. Aber auch der Kellner hat es ihr schon auf Englisch gesagt.«

Eigentlich wollte ich ihr etwas anderes sagen, was ich aber nicht tat: »Denken Sie einfach, die Frau wäre Benny.«

Ich holte mir am Tresen noch ein Bier, eine Österreicherin stellte mir ein frisches, noch vom heißen Spülwasser warmes Glas hin, ich ließ es stehen und ging mit der Flasche. Trank sie aus. Ging raus, am »Servus!« rufenden Rezeptionisten vorbei, an den Kameras, an Tor eins, am Schäferhund, an Tor zwei.

Draußen standen israelische Soldaten. Es war Nacht. Ich lief durch das Damaskus-Tor zum arabischen Imbiss gegenüber. Ein Junge reichte mir zum Humus-Teller zwei Scheiben Fladenbrot, eine geviertelte Zwiebel, eingelegte Essiggurken, grüne Oliven. Ich dachte an mein Maqlube. Die Kellnerin im Markt hatte mir die Reste eingepackt. Im Kühlschrank des Pilgerhotels waren sie mir eingefroren. So lutschte ich am Abend an eiskalten Fleischstückchen.

Der Kühlschrank stand neben meinem Schlafsaal, im Keller, unter den Hotelzimmern. Wir schliefen zu dritt im Acht-Mann-Raum. Einer reiste aus Österreich an. »Fühle mich hier wie zu Hause. Das hatte ich bisher selten im Ausland«, meinte er glücklich. Der andere war ein gewitzter Archäologe aus Michigan. Unsere Diskussion zum Nahostkonflikt beendete er mit dem Satz: »I have no problem with hugging each other!«

Nachts hörte ich im Schlafsaal den Muezzin von der benachbarten Moschee. Der Raum lag im Dunkeln. Irgendwo kläffte Benny oder einer seiner wilden Artgenossen. Das Kind von der ersten Überwachungskamera lag in seinem Bett, hoffentlich. Und ich? Wäre ich doch bei Mark Twain geblieben.

AUF DER SUCHE NACH HEILIGEN – ZWEITER VERSUCH

Die Straße war schwarz. Die Männer mit Vollbart und Schläfenlocken trugen schwarze Schuhe, schwarze Socken, schwarze Hosen, schwarze Mäntel, schwarze Hüte. Die Frauen schwarze Röcke, schwarze Schuhe und schwarze Kopftücher. Schwarz. Schwarz. Schwarz. Im Jerusalemer Stadtteil Me'a Sche'arim war ich der einzige Farbfleck auf der Straße. Ein Farbfleck ohne Kopfbedeckung.

Es störte keinen. Weil mich keiner sah. Keiner beachtete. Sie heißen Haredim, was übersetzt Gottesfürchtige bedeutet, und gehören zu den Ultraorthodoxen Israels. Alle um mich herum schienen in ihrer Welt der Orthodoxie versunken zu sein. Ich war Luft. Weniger als Luft. Wenn ich dicht an jemandem vorbeiging, einen Luftzug erzeugte, nahm er mich selbst dann nicht wahr.

Ein Junge rannte aus einem Laden voller Haushaltswaren, rempelte mich an, auch er hatte mich offenbar nicht gesehen. Ein paar Geschäfte weiter blieb ich vor Kinderspielzeug stehen, das speziell für ultraorthodoxe Kunden hergestellt worden war. »Der Tempel« hieß ein Baukasten und zeigte statt Klagemauer – den Überresten der Tempelanlage – einen neuen Tempel zum Wiederaufbau daheim. Als Modellsatz von Isratoys. »Heute kannst du die Tempelbauer begleiten«, lud Isratoys Kinder ab sechs Jahren ein. Dass der muslimische Felsendom und die Aqsa-Moschee bei diesem Unterfangen im Weg stehen würden, störte den Hersteller nicht.

Ich betrat einen Laden mit religiösen Artikeln, der Händler nahm mich wahr. Ich genoss sein Schalom, wie der Aussätzige sich über eine kleine Geste der Beachtung freut. Schabbatgeschirr in Silber, religiöse Schriften, Schriftkapseln aus Metall und Kunststoff, die an den Türpfosten in Wohnungen angebracht werden. Ich ging. Kaufte nichts. Hörte kein Wort zum Abschied. So schnell war ich wieder weniger als Luft.

Auf der Straße suchte ich einen Gesprächspartner. Weniger als Luft kann nicht sprechen, der Resonanzraum fehlt. Ich musste sichtbar werden, wollte endlich reden, mich jemandem aufdrängen, wenn es sein musste. Ich suchte jemanden, bei dem ich es wagen konnte, und fand ihn unter zwei Neonröhren an einem langen Tisch in einer Imbiss-Stube sitzend. Er saß in einer Ecke, hinter einem Türrahmen, nicht jeder konnte uns auf Anhieb sehen. Vielleicht war er unter diesen Umständen bereit, mit einem Fremden, nicht Ultraorthodoxen, zu reden.

Seine schwarzen Schläfenlocken reichten weit über den Brustkorb. Er trug eine eckige Brille und drückte aus einer Tube Cocktailsoße auf sein Stück Champignon-Pizza. Er verteilte die Soße gleichmäßig auf dem Stück Teig, indem er die Pizza mit der Hand ausbalancierte. Ich schob die leeren Gemüsekisten neben ihm auf die Seite. »Noch Platz?« Ich vermutete ein Nicken. Es wird nicht einfach werden, dachte ich mir. Ich nippte an einem Plastikbecher mit Kaffee.

Ein Handyladegerät ohne Handy hing aus der Steckdose neben ihm. Vor uns auf dem Tisch stand eine Flasche mit blauem Geschirrspülmittel. Unter uns ein Kanister mit Chlor. Hinter uns übereinandergestapelte Kisten mit Cola-Flaschen. Ich schaute auf die Serviettenbox vor uns. Im Hintergrund ratterte ein Teigkneter.

»Sie kommen aus Me'a Sche'arim?« Wie kläglich mein Versuch war, ein Gespräch zu beginnen, offenbarte seine Antwort.

»Wieso?«, fragte er.

Ich sagte, dass ich gerne mehr über diesen Stadtteil erfahren würde, und erzählte von mir.

Er überlegte. Drückte weitere Cocktailsoße aus der Tube. Wir schwiegen beide eine Weile. Eine Frau betrat den Imbiss, strich mit der Hand über die Schriftkapsel, die am Eingang hing.

»Woher kommst du?«, fragte er mich.

»Aus Deutschland.«

Er schwieg ein halbes Pizzastück lang. Ich nippte kalten Kaffee. Wusste nicht, was diese Antwort in ihm und mit ihm machte. Ob das das Ende oder der Anfang war. Er verteilte wieder Soße. Ich wollte warten, ihm Zeit lassen. Ihn entscheiden lassen, wie es weiterging.

Er stand wortlos auf. Und kam nach einer kurzen Zeit mit einem Orangensaft zurück.

»Hast du Bilder aus Deutschland dabei?«, fragte er mich.

Ich trug immer zwei bei mir. Ich zeigte ihm ein Foto meines Sohnes. Kurz nach der Geburt, mit einer weiß gepunkteten, grünen Mütze und einem schwarzweiß gestreiften Strampler. Auf dem zweiten Bild war meine Frau zu sehen. Das zu zeigen hielt ich für keine gute Idee. Sie trug kein Kopftuch wie all die anderen Frauen in seiner Welt. Und ich wusste nicht, wie er darüber dachte.

Er schaute meinem Sohn in die Augen, wandte sich zum ersten Mal zu mir und lächelte.

»Ich bin Abraham«, sagte er.

»Der Vater von allen«, ergänzte ich und nannte meinen Namen.

Er nickte bedächtig.

Seine Vorahnen seien Osmanen, seine Eltern Mexikaner, sie waren vor zwanzig Jahren nach Israel gezogen. Kaum waren sie im Heiligen Land, kam er auf die Welt. Ich war überrascht, ich hatte ihn für viel älter gehalten.

»Und hast du Kinder?«, fragte ich. Ich wusste, dass die Ultraorthodoxen früh Kinder haben und oft in großen Familien leben.

Er schüttelte den Kopf.

»Ich habe den Rabbi gefragt. Er sucht jetzt für mich.« Während er es sagte, formte er mit der rechten Hand einen Telefonhörer, den er an sein Ohr hielt.

»Verstehst du Jiddisch?«

»Ein wenig«, sagte ich, weil die Sprache dem Deutschen verwandt ist.

Der »Rabbi« suche ein »Weib« für ihn, sagte er langsam, damit ich ihm folgen konnte.

»Ein Weib«, wiederholte ich und nickte, um zu erklären, dass ich es verstanden hatte.

»Wie lange dauert das?«, fragte ich.

Er hob gemächlich beide Schultern.

Ich wollte nicht nachhaken. Wir schauten beide auf ein Bild vor uns an der Wand. Der Tempel. Wiederaufgebaut. Ich dachte an den Baukasten für Kinder. Ein Traum der ultraorthodoxen Erwachsenen.

Ich zeigte darauf und fragte ihn: »Ein Wunsch?«

»Ich wünsche es mir. Ich warte darauf jeden Tag.«

Ich nippte weiter und verschluckte mich am Kaffeesatz.

»Glaubst du an Gott?«, fragte er mich.

»Ja.«

»Betest du?«

»Manchmal.«

Er stand auf, verschwand erneut wortlos. Holte eine der Plastikkarten, die auf den Tischen lagen, her. Er zeigte auf die Karte vor sich und nickte. Auf der Rückseite machte Müllermilch auf Hebräisch Werbung für einen Birnenjoghurt. Im Innenteil stand ein Gebet, das nach dem Essen gesprochen wird. Er klappte es auf, konzentrierte sich darauf, versank darin, wippte dazu mit dem Körper leicht vor und zurück. Er klappte es zu, reichte mir die Hand zum Abschied.

»Ich hoffe«, und ich meinte es wirklich von Herzen, »der Rabbi wird bald eine Frau für dich finden.«

Ich verließ das Viertel und blieb in der Nähe der Jaffa-Straße vor einem Gefängnis stehen. Zwei Gefangenentransporter parkten vor dem Eingang. Polizisten mit Maschinenpistolen führten Männer aus den Fahrzeugen. Sie trugen Hand- und Fußschellen, schlurften zum Eingang des Gebäudes. Eine Frau rief ihrem Mann, der in Ketten mitschlurfte, etwas zu.

Ich sprach mit einer jüngeren Frau neben ihr. Sie arbeitete in einem Internat als Sozialarbeiterin, wartete auf einen ihrer Schüler. Über das, was ihm vorgeworfen wurde, wollte sie nichts sagen, reduzierte die Tat auf die zwei Wörter »Ärger« und »Probleme«. Sie hinterlegte die Kaution für ihn, er müsste heute freikommen, welche Uhrzeit, sagte man ihr nicht. Eine Mutter wartete neben ihr auf ihren Sohn. Ebenso ohne Uhrzeit.

Ein Polizist trug die Hand- und Fußschellen aus dem Gefängnis, die Männer blieben in Haft. Der Polizist hielt sich die Ketten wie einen Expander vor die Arme und bewegte sie mit schmerzerfülltem Gesicht auf und ab. Seine Kollegen lachten nicht, auch wir nicht. Er versorgte das Metall im Transporter für die nächsten Gefangenen.

Eine Gruppe Ultraorthodoxer lief zum Eingang, zwei suchten

das Gespräch mit den Polizisten an der Wache. Die Sozialarbeiterin neben mir zeigte auf sie. »Das sind die Schlimmsten! Wenn ich auf derselben Straßenseite laufe, spucken sie mich an. Nicht alle. Aber manche von ihnen.« Viel war in den Zeitungen über den Konflikt mit den Ultraorthodoxen zu lesen. Auch darüber, dass sie Frauen nicht auf derselben Straßenseite sehen wollten. Ich dachte an Abraham, wollte ihn mir nicht so vorstellen, heute nicht.

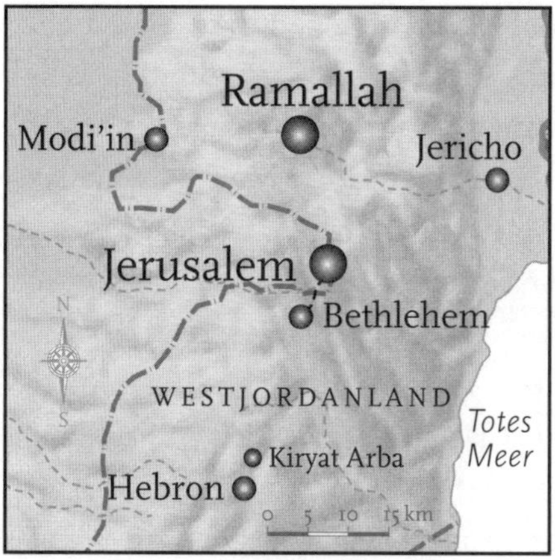

AUF DER SUCHE NACH HEILIGEN – DRITTER UND LETZTER VERSUCH

Tausende strömten durch die schmalen Gassen. Ich strömte mit. Ich hatte lange im nahezu lichtlosen Keller geschlafen, wusste, dass es ein anstrengender Tag in der Jerusalemer Altstadt werden würde. Weiter auf der Suche nach Heiligen. Ich wollte zum Freitagsgebet der Muslime. Ein Experiment. Die Aqsa-Moschee liegt auf dem Platz der goldenen Kuppel. Ich hatte einmal Felsendom und Moschee zu den Besucherzeiten für Nichtmuslime gesehen. Gebetszeiten waren nur für Muslime und ich wollte dennoch sehen, wie es dort ist, hätte vor dem Gebetsbeginn ja gehen können. So die Theorie.

Mein Strom bog in eine Gasse ab und wir verschwanden unter dicken Mauern, verschluckt von Dunkelheit. Der Tunnel spuckte uns nach einigen Metern wieder aus. Ich sah die letzten Stufen vor dem Felsendom und dem Platz mit der Aqsa-Moschee. Ein israelischer Polizist baute sich vor mir auf. »Moslem?« Ich sagte nein und konnte seine Antwort mitsprechen, weil ich sie noch von früher kannte. »Sie können morgen kommen.« Ich drehte um, hatte nur strömen wollen. Mehr nicht.

Ich drückte mich der Strömung entgegen, bog ab, fand mich auf einer anderen Gasse wieder. Sie war menschenleer und ein kalter Luftzug kam mir entgegen. Links abgebogen, wieder im Strom, ein anderer als der vorherige, mächtiger, kräftiger. Wir strömten an einem Basar vorbei, meterweise Koranausgaben: für die Hosentasche, repräsentativ in Großformat für das Wohnzimmer, rezitierte Koransuren auf CDs, Holzschatullen mit der aufgemalten Palästinaflagge, Gebetsketten mit kirschgroßen Perlen. Und Geschenke für die Zuhausegebliebenen, die nicht am Freitagsgebet teilnehmen können oder wollen: die Zehner-Packung mit Plastikbussen, eine Box mit der Aufschrift »Beautiful Collection« für »Girls« komplett in Pink samt Handtasche und Spiegel.

Wir strömten noch. Nur wenige Geschäfte entfernt sah ich durch ein offenes Tor den Platz vor der Moschee, der sich mit Menschen füllte. Mein Ziel. Keine zwanzig Meter trennten mich davon. Ich sah keinen Polizisten, vielleicht waren sie abgelenkt, hatten einen Einsatz. Ich freute mich über die freie Bahn. Und strahlend blickte ich in das Gesicht eines dicken Jungen. Er hatte sich vor mir aufgebaut. Ich sah in der Auslage neben ihm Süßigkeiten, junge Händler war ich in der Altstadt gewohnt. Ich erwartete ein Verkaufsgespräch (»Ein Kilo Schokolade für so und so viel«). Doch der Junge versperrte mit seinem massigen Körper den Weg. Mehr nicht. Ich wollte mich an ihm vorbeidrücken und er fragte mich: »Moslem?« Ich musste schmunzeln, weil ich diese Frage von ihm am wenigsten erwartet hätte. »Nein.« Seine Antwort kam mir bekannt vor. »Sie können morgen kommen.«

Ich gab es auf. Drehte um. Trank Kaffee. Wartete, spazierte vom Damaskus-Tor in Richtung Ölberg. Vater und Sohn überholten mich. Das Gebet war vorüber. Wir gingen ein paar Minuten zusammen. Sein Sohn war fünf Jahre alt. »Er betet noch nicht, aber er kommt mit, um schon einmal zu sehen. Mit sieben, acht Jahren fängt er an.« Sie hatten in der Aqsa-Moschee gebetet, eine halbe Stunde vorher dort zu sein reicht aus, erklärte mir der Vater. »Es ist ja kein Ramadan. Da muss man drei, vier Stunden vorher dasein, wenn man nicht auf dem Platz beten möchte.« Von meinen Versuchen erzählte ich ihm nichts.

Der Freitag hatte für mich gerade erst begonnen. Freitags gab es noch mehr zu sehen in der Altstadt. Ich kehrte zurück in die Gassen, zur Via Dolorosa. Aus dem Leidensweg Christi wurde ein Leidensweg für Touristen und Pilger und Reisende und somit für mich.

»Hello my friend!«, riefen mir Händler zu.

»What are you looking for?«

»Welcome my friend!«

»Hello! Monsieur? Mister?«

»Come inside! See my shop!«

Das Sortiment ähnelte sich von Laden zu Laden. Eine kleine Packung mit vier gefüllten Gläschen und den vier Aufschriften: heiliges Wasser, heilige Erde, heiliges Öl, heiliger Weihrauch. Fluoreszierende Rosenkränze. Kreuze aus Holz, aus Plastik, aus Metall, mit heiliger Erde, ohne heilige Erde. Am Lederband, an der Silberkette. Das Abendmahl auf die Holzbox geschnitzt. Ein Jesusbild in 3D. Ich näherte mich dem Bild und er öffnete die Augen, schaute in den Himmel. Ein Jesuskind für 85 Dollar fast in Babygröße. Geschnitzte Krippenfiguren warteten neben Schachfiguren auf einen Käufer. Dazwischen frisch gepresster Granatapfelsaft. Bunte Jesusfiguren, das Kreuz tragend, mit goldenen Haaren.

Schlendern war auf der Via Dolorosa nicht möglich. Wenn ich länger als zwei Sekunden an einem Schaufenster verweilte, klopfte mir ein Händler auf die Schultern. »Hello my friend!« Ich folgte einige Meter einer russisch-orthodoxen Pilgergruppe, die Frauen bedeckten ihren Kopf mit Tüchern. Ich suchte ein Gespräch. Chancenlos. Kopfschütteln. Eine Russin drehte sich abrupt um. Andere gingen schnell weiter. Ohne Zweifel hielten sie mich für einen fliegenden Händler.

Kurz vor der Grabeskirche geschah ein Wunder. Ein Händler sprach mich nicht an. Er saß traurig und still auf seinem Holzhocker im Inneren des Ladens. Er starrte auf den steinernen Boden der Via Dolorosa. Ich musste etwas kaufen, ihn glücklich machen. Wenn auch nur für einige Sekunden. Ich entschied mich für eine Dornenkrone. Sie war in einer unpraktisch großen Schachtel verpackt und auf einen Plastikrahmen geklebt worden. Doch dafür konnte der Händler nichts.

Ein Zertifikat auf der Packungsrückseite mit der zwischen zwei Engeln eingerahmten Überschrift »Certificate of Origin« versicherte mir auch auf Deutsch: »Diese Dornenkrone wurde in der Grabeskirche geheiligt.« Der traurige Händler sprach langsam, verschluckte die Wörter.

»Ist das eine echte Krone?«, fragte ich.

»Die Krone ist 100 Prozent aus der Natur!«

»Woher?«

»Nahe dem Jordan.«

Ich wollte sie kaufen, musste aber verhandeln, damit der Händler nicht merkte, dass ich die Krone nur ihm zuliebe kaufte. Nichts wäre schlimmer für ihn, den Händler und seine Ehre, dachte ich mir, nicht ganz vorurteilsfrei. Er sollte sein Gesicht wahren.

»Wie viel kostet die Dornenkrone?«

»35 Schekel.«

»Das ist teuer!«

»Wie viele Kronen möchten Sie?«

»Nur eine.«

»Überall kostet sie auf dem Markt sonst 50 Schekel. Sie können jeden fragen! Sie kostet 50 Schekel bei allen.«

»Kaufen viele die Kronen?«

»Ja.«

»20 Schekel«, bot ich an.

»30 Schekel. Yallah. Mein letzter Preis!«

Ich stimmte zu, viel zu früh, da »mein letzter Preis« eigentlich erst Beginn jeder Verhandlung auf dem Markt war. So viel hatte ich gelernt. Doch er sollte sein Geschäft machen.

Ich wollte meine Krone in meinen Rucksack im Gepäckraum des Österreichischen Hospizes packen. Nicht einfach. Tausende strömten durch die Gassen. Es war vor dem Wochenende, und es war nach dem Freitagsgebet, somit die Hauptverkaufszeit für die Händler. »Fünf Kilo Tomaten für zehn Schekel!«, schrie mir einer der Händler ins Ohr. Ich stieß gegen eine Palette mit Erdbeeren. Ein Junge schnitt mit einem langen Messer einen Kürbis in Stücke. Am Rand, eine Frau, ohne Stand. Sie saß auf dem Boden, verkaufte aus Tüten frische Pfefferminze und Petersilie.

Meine Dornenkrone trug ich in einer schwarzen Plastiktüte vor mir her, damit sie in dem Gedränge keinen Schaden nahm. Ich wollte rechts abbiegen, doch der Strom zog mich weiter, Richtung Damaskus-Tor, wo ich schon gewesen war. Das Tor war ein Nadelöhr zu dieser Zeit. Ich wollte drehen, konnte aber nicht mehr. Die Krone war festgeklemmt zwischen zwei Muslimen vor mir, die mit ihren kleinen, zusammengefalteten Gebetsteppichen auf den Rücken die Altstadt verlassen wollten.

Ich ließ mich und die Krone mitziehen, den Tütenhenkel lose in der Hand vor mir. Vorbei an Bergen aufgeschichteter Schokoladentafeln, vorbei an einem Parfümhändler, der die Duftstoffe aus kleinen Fläschchen auf Wunsch selbst mischte. Durch das Tor der Mauer hindurch. Vorbei an dem fliegenden Batteriehändler. An rosa Puppen mit schwingenden Flügeln. Sich auf einem Brett im Kreis drehenden Autos. Raus. Zum blauen Himmel. Auf den Treppen reihten sich in Kartons verpackte Saftpressen aneinander. Der Strom versiegte, verteilte sich.

Ich ging mit der Krone die Altstadtmauern außen entlang, zum zweiten Mal, durch das kaum beachtete Löwentor wieder in die Altstadt hinein. Am Schild »Geburtsplatz der Jungfrau Maria« vorbei. Die Gesänge der Franziskaner drangen zu mir. Es war also zu spät, um meinen Rucksack zu holen. Denn ich wollte ihnen folgen, ihrem Freitagsweg an der Via Dolorosa entlang. Nicht wegen des Weges, den ich schon kannte, sondern wegen eines Franziskaners, den ich sehr mochte und zu sehen erhoffte.

Ein Mann kam mir entgegen, trug zwei Holzkreuze auf seinen Schultern. Er schleppte sie an den Franziskanern vorbei zu einer anderen Gruppe. Die Franziskaner gingen ohne Kreuze, doch mit Lautsprechern. Zwei Mönche trugen Boxen, empfingen über Antennen das Signal zweier Mitbrüder, die mit einem Mikrofon voranschritten, singend und betend. Ich folgte mit zweihundert anderen Nichtmönchen den Berg hinauf, die Via Dolorosa entlang.

Mit dem Franziskaner, den ich kenne, saß ich später in einem Café beim Jaffa-Tor. Ich trank aus einer kleinen Tasse arabischen Kaffee und stellte die Frage, die mich schon über eine Stunde beschäftigt hatte.

»Ich hab noch eine religiöse Frage.«

Der Franziskaner beugte sich zu mir. Er kannte mich und rechnete offenbar mit dem Schlimmsten.

»Was mache ich mit einer Dornenkrone?«, fragte ich, druckste herum und ergänzte: »Ich habe sie nur gekauft, weil der Händler so traurig aussah. Aber ich kann sie doch nicht einfach wegwerfen.« Immerhin war solche Pilgerware für manche ein religiöses Symbol, so viel war mir klar.

Der Franziskaner antwortete mit der Weisheit eines Mönches und sagte nüchtern: »Damit hätte ich kein Problem.«

Das gefiel mir nicht.

»Was könnte man noch machen?«, fragte ich.

»Mach dir keine Sorgen.«

Ich machte mir aber Sorgen.

»Vielleicht jemandem schenken?«, schlug er vor.

Ich war zufrieden. Die einfachste Lösung sah ich erst jetzt durch ihn und wusste sofort, wen ich beschenken wollte.

Die Sonne versank hinter den Altstadtmauern, der Schabbat begann, ich lief die Via Dolorosa zurück, bog rechts zur Klagemauer ab. Ein Schabbat-Schild wies mich darauf hin, dass Telefonieren, Notizen aufschreiben und fotografieren nicht erlaubt ist. Ich lief auf dem Platz der Klagemauer vorbei an SMS schreibenden, fotografierenden und telefonierenden Jugendlichen.

Ein orthodoxer Jude kam mir entgegen, einen Stapel Bücher unter dem Arm. Kinder überholten mich. Er rief ihnen auf Englisch zu. »Get ready to rumble! Do you guys have your books?« Der Platz war schwarz. Schwarz von in Schwarz betenden, nach vorne wippenden, lesenden, diskutierenden, rezitierenden, singenden Männern. Etwas Braun entdeckte ich am Rande, bei der Absperrung zum Frauenbereich. Soldaten in braunen Uniformen, die Waffen hinter dem Rücken hängend, Arm in Arm, tanzend. Die Schabbat-Party.

Ohne mich, ich musste weiter, Jerusalem verlassen, ein langer nächtlicher Fußmarsch stand mir bevor. Auf dem Weg durch die Altstadt, auf dem ich vor fünf Stunden noch mit Muslimen zum Freitagsgebet strömte, eilten mir nun Hunderte orthodoxer Juden Richtung Klagemauer entgegen, Männer in schwarzen Mänteln, mit weißen Krawatten. Ein Laden in der Gasse bot T-Shirts mit verschiedenen Motiven von Barack Obama an. Obama mit Arafat-Kopfbedeckung, der Kufiya. Obama als Osama bin Laden mit weißem Turban und schwarzem Vollbart. Und Obama als orthodoxer Jude mit schwarzem Hut und weißem Vollbart.

Später am Abend, als ich die Schnürsenkel meiner Wanderstiefel festzog, meinen Rucksack packte, ihn schulterte, um zu Fuß nach Bethlehem zu reisen, stand die gerahmte Dornenkrone gut sichtbar auf einem Tisch am Eingang des Österreichischen Hospizes. Im Glanz der Terrassenbeleuchtung. Wenn sich jemand darüber freuen würde, dachte ich mir, dann an diesem Ort.

Den langen Tag im Kopf und den vollgepackten Rucksack auf dem Rücken, schritt ich langsam den Berg hinauf durch die Altstadt zum Jaffa-Tor. Erneut die Via Dolorosa entlang. Meine Langsamkeit war einladend: nicht für die Händler, die offenbar so ermattet waren wie ich. Ein Mann mit grauem Gewand, weißer Gebetsmütze, einem langen schwarzen, am Kinn zu zwei Enden gezwirbelten Bart sprach mich an.

Er fragte und ich sagte ihm, aus welchem Land ich anreiste. Er zeigte mir ein grünes Heftchen mit dem deutschen Titel »Die Wahrheit ist ...«. Die Lösung des Rätsels steckte offenbar im Inneren des Heftchens. Ich war müde, zu müde, um dem Gespräch aus dem Weg zu gehen. Obwohl noch mindestens zwei Stunden nächtlicher Fußmarsch auf mich warteten.

»Das bringe ich dir aus der Aqsa-Moschee«, sagte der Mann mit dem Vollbart.

Vormittags durfte ich nicht zu ihr, und nun kam die Moschee zu mir. So ist das manchmal. Ich lächelte. Der Mann sprach zu mir in einer Lautstärke, als spräche er vor einer ganzen Gemeinde.

»Allah ist der einzige!«, sagte er.

Der linke Riemen meines Rucksacks drückte in den Rücken.

»Es gibt nur Allah.«

Wenn er jetzt schon drückte, dann möchte ich gar nicht wissen, wie es mir am Ende meiner Wanderung ergehen wird.

»Die Inder glauben an eine Kuh.«

Ich schob den Riemen etwas beiseite.

»Die Inder beten zu der Kuh«, wiederholte er sich, vielleicht meine Empörung erwartend. Aber ich hatte in Indien keine Kuhanbeter gesehen.

»Die Juden glauben nicht ...«

Ich schob mir ein Stück des Pullovers unter den Riemen.

»Die Christen glauben ...«

»Jesus ...«

»Mohammed ...«

»... nicht zu Kühen beten ...«

Erst als er mich direkt ansprach, hörte ich wieder zu, konnte ich mich konzentrieren, die Müdigkeit für einen Augenblick beiseite schieben.

»Sprich mir bitte nach!«, forderte er mich auf.

Ich ahnte etwas.

»Laaaaaa ilaaaaahaaaaa ...«, sagte er.

»Ich muss weiter«, sagte ich.

Er schien mich nicht zu hören.

»Sag jetzt: Laaaaaa ilaaaaahaaaaa ...«

Ich weiß nicht mehr, ob ich ihm die Hand reichte zum Abschied oder einfach weiterging. Er lief mir nach, überreichte mir die Broschüre, die angab, die Wahrheit zu verkünden.

»Laaaaaa ilaaaaahaaaaa ...«, versuchte er noch einmal und schaute mich erwartungsvoll an, wie man ein Kleinkind anschaut, wenn man das langsam vorgesprochene »Mama« oder »Papa« von ihm hören möchte. Aber ich ließ ihn, den Missionar, mit dem muslimischen Glaubensbekenntnis alleine. »Du hast noch Zeit!«, rief er mir hinterher.

Ich trat durch das Jaffa-Tor und ließ alles dahinter zurück. Die Last, den Druck der Altstadt wehte ein kühler Wind fort. Ich folgte am Straßenrand den roten Rücklichtern der Autos. Ein Taxifahrer hielt neben mir.

»Wohin?«

»Nach Bethlehem.«

»Komm mit. 50 Schekel.«

»Nein. Danke.«

»Nur 50 Schekel!«

Für zehn Euro würde er mir zwei Stunden Fußweg ersparen. Ich durfte nicht. Wollte nicht. Die kommenden Wochen sollten eine Reise zu Fuß werden, nur auf langen Strecken war Trampen erlaubt. Zu weiteren Zugeständnissen war ich nicht bereit.

Und die Nacht belohnte mich. Ich ließ die Häuser an der Hauptstraße hinter mir, die Geschäfte, die auch an Schabbat geöffnet hatten. Ein Hund ohne Besitzer kam mir auf der anderen Straßenseite entgegen. Wir Menschen, die noch auf der Straße waren, zu Fuß, nickten uns wortlos zu. Die verschworene Gemeinschaft der Fußgänger.

Rechts der Straße ein Lichtermeer aus weit entfernten Straßenlaternen und Wohnungen, links ein schwarzes Nichts. Ein paar hundert Meter weiter die ersten Olivenbäume, dicke und verwurzelte Stämme, ich hätte sie nicht umfassen können. Bald ein ganzes Feld voll von ihnen. Endlos am nächtlichen Horizont verschwindend. Schwarze Umrisse. Manche seit Hunderten Jahren an Ort und Stelle.

Ein Bus hielt neben mir. Israelische Soldatinnen stiegen aus, der Checkpoint konnte nicht mehr fern sein. Einige hundert Meter später sah ich die Scheinwerfer, die hell erleuchtete Halle, die Mauer, hinter der Palästina begann. Die Soldatinnen beachteten mich nicht, weil ich ja Israel verließ. Sie interessierten sich für zwei nach Israel einreisende Palästinenser.

Ich trat durch eine Öffnung der Grenzmauer hindurch, folgte einem Gitter. Bethlehem empfing mich schlafend. Die Cafés waren geschlossen. In einem schien noch schwaches Licht, die Mitarbeiter saßen um einen ungedeckten Tisch. Doch ich kannte die Stadt auch bei Tage.

Ich hatte einmal einen Bauarbeiter bei sich zu Hause besucht, der illegal in Israel arbeitete. Dort hatte ich ihn kennengelernt. Er schlief werktags in einem Matratzenlager auf der israelischen Baustelle, am Wochenende kam er für einen Tag nach Hause. Ich hatte ihn an seinem Arbeitsplatz angesprochen, weil ich selbst dort schlief, in einem Einzelzimmer. Es war eine Unterkunft für Pilger, deren Eigentümer das Haus von palästinensischen Schwarzarbeitern für einen Bruchteil der normalen Kosten sanieren ließen.

Der Bauarbeiter aus Bethlehem hatte mich damals auf ein kleines Fest auf der Baustelle eingeladen. Die palästinensischen Arbeiter grillten, der Bauherr stiftete das Fleisch und den Arak. Ich trank zum ersten Mal arabischen Anisschnaps, die Flaschen gingen reihum, stundenlang. Am nächsten Morgen wachte ich in meinem Einzelzimmer des Pilgerhauses auf, ohne zu wissen, wie ich am frühen Morgen dorthin gekommen war. Die Frau, die mich per Telefon weckte, hielt ich für meine Ehefrau und begrüßte sie mit zärtlichen Worten. Wie sich schnell herausstellte, war sie die Rezeptionistin, eine Nonne. Von Arak hielt ich mich die folgenden Reisen fern.

In Bethlehem, Monate später, sprach der Bauarbeiter mit mir über die palästinensischen Christen der Stadt. Wer Verwandte im Ausland hatte, wer es sich leisten konnte, der verließ Palästina. Nicht wegen der muslimischen Mehrheit, sondern wegen der israelischen Besatzung, wegen der wirtschaftlichen Situation. Bethlehem war eine Geisterstadt geworden. Pilger und Touristen trauten sich kaum dorthin. Wenn, dann fuhren sie mit Bussen zur Geburtskirche, schauten sich dort eine Stunde an der Hand ihres Guides um und fuhren wieder davon. Der Bauarbeiter, mit dem ich darüber sprach, hatte keine Verwandten im Ausland. Er musste bleiben.

Im schlafenden Bethlehem angekommen, suchte ich nach einer Unterkunft. Von Pilgerhäusern hatte ich genug. Im Flüchtlingslager Dheische gab es ein Gästehaus, das Flüchtlinge betrieben. Ich hörte davon, fragte mich durch und machte mich auf den Weg. Er führte an einer scheinbar endlosen Straße entlang durch Bethlehem. Zwei Soldaten patrouillierten am Straßenrand. Ich sah die Holzgriffe an den Gewehren. Kalaschnikows. Palästinensische Sicherheitskräfte.

Junge Männer fuhren auf der Straße auf und ab. Der Bass brachte die Fensterscheiben zum Klappern. Sie machten ihre eigene Disco. Ganz ohne Tanzfläche, ohne Bar, ohne Frauen. Ich machte Pausen, kam langsam voran. War erschöpft, aber stolz, zu Fuß den Weg gefunden zu haben. Von Jerusalem bis zum Flüchtlingslager, dessen Eingang ich nur noch suchte. Es durfte nicht mehr weit sein.

Eine Gruppe älterer Herren sah mich am Straßenrand wandern. »Wohin?«, fragt einer von ihnen. Ich nannte den Namen des Gästehauses. Ich erklärte, dass ich zu Fuß unterwegs sei. »Itla!«, rief er mir auf Arabisch zu. »Einsteigen!« Er zeigte auf seinen Pick-up. Ich zeigte auf meine Füße. »Gehen!« Keinesfalls wollte ich in die Zielgerade gefahren werden. Der Mann kam auf mich zu, »Itla!« und machte mir die Beifahrertür auf. Er sagte es in einem Ton, der keinen Widerspruch duldete. Ich stieg ein, wir fuhren keine dreißig Sekunden, da hielt er an, strahlte vor Freude, reichte mir die Hand und war überzeugt, mir einen großen Gefallen getan zu haben.

Ich kaufte in einem Laden Dosenbier, es hieß »Bavaria«, kam aus den Niederlanden, hatte 0,0 Prozent wie alles in diesem Stadtteil und schmeckte nach verwässerter Limonade. Im Nachbarladen posierten Schaufensterpuppen in Strapsen. Ich brachte das alles nicht mehr zusammen an diesem Abend. Ich verließ die Hauptstraße und bog in das in Dunkelheit getauchte Lager ab, am Medical Center vorbei, das die japanische Regierung laut einer Aufschrift finanzierte.

Die Beleuchtung eines Falafel-Verkäufers und zweier kleiner Lebensmittel-Shops warf ein wenig Licht auf die schmale Straße. Dicht am Straßenrand standen die grauen Wohneinheiten des Lagers, wie Container aus Stein übereinandergeschichtete Wohnungen, bis zu vier aufeinander. Ich kaufte spät mein Abendessen und war einer der letzten auf der Straße.

Vor dem Einschlafen zog ich die Gardinen zur Seite, schaute aus dem Fenster des Vierbettzimmers und blickte auf einen hell erleuchteten Fuhrpark der Vereinten Nationen. Sie betreiben das Lager wie all die anderen in Palästina. Hamsa, der junge Mann von der Rezeption, hielt nicht viel von ihnen. Ich hatte beim Einchecken über die UN gesprochen. Hamsa fühlt sich im Stich gelassen. Er hat einen Flüchtlingsausweis, lebt im Lager. Seine Großeltern waren im Krieg 1948 aus Jerusalem geflüchtet.

»Ich bin im Camp geboren, ich bin hier aufgewachsen und ich arbeite hier. Aber ich will hier nicht sterben.« Mit diesen Worten entließ er mich in die Nacht, drückte mir meinen Zimmerschlüssel in die Hand, der Metallanhänger am Schlüssel zeigte eine Palästinaflagge.

SIEDLERTOURISMUS IN HEBRON

Yassir lernte ich vor dem Gästehaus des Flüchtlingslagers in Bethlehem kennen. Der Mittvierziger wollte nach seiner Zigarette zum Fuhrpark der Vereinten Nationen hinter dem Haus. Er arbeitete in Hebron, dreißig Kilometer südlich von Bethlehem. Und er bot mir an, mich in seinem weißen Kleinbus mit der blauen UN-Aufschrift mitzunehmen.

Weitere Kolleginnen und Kollegen von ihm stiegen ein, und nach einigen Minuten saßen wir dichtgedrängt im Fahrzeug. Wir fuhren an israelischen Siedlungen vorbei, die nicht nur in den Augen des Arbeitgebers meines Fahrers illegal sind. Ein älterer UN-Mitarbeiter zählte ihre Namen auf: »Neve Daniel, Efrat, Migdal Oz ...«

»Sie nahmen unser Land«, sagte ein Jüngerer neben mir und zeigte auf die umzäunten, vom israelischen Militär bewachten Siedlungen. Ein anderer wollte mit mir, dem Deutschen, nicht über Politik, sondern über Fußball sprechen. Sichtlich enttäuscht stellte er fest, dass ich mich auf diesem Gebiet nicht besonders auskenne.

Hebron war das Gegenteil von Bethlehem. Hatte mich am Vormittag in Bethlehem niemand angesprochen oder beachtet, war das in Hebron ganz anders. Man erwartete mich. Hunderte erwarteten mich. Und all die anderen aus dem Ausland, die so weit ins Westjordanland vorgedrungen waren. Abed war der erste des Komitees. Er stellte sich als »Tourguide« vor, »in ganz Palästina!«, und ich bezweifelte, ob er jemals Hebron verlassen hatte.

Als erstes wollte mir Abed, der »Tourguide«, seinen Laden zeigen. »Come and see my shop.« Ich kannte Hebron, wusste, dass es nicht leicht werden würde, alleine zu bleiben. Ich kaufte Postkarten in seinem Laden (»Visit Hebron. Palestine«) und durfte meinen Rucksack bei ihm abstellen. Um das zu machen, was die anderen Ausländer auch machten: Settler Watching. Es gab auch die Gräber, das von Abraham zum Beispiel. Aber dort sah ich kaum Ausländer. Sie kamen, um die Siedler zu sehen.

Wim lernte ich kennen, einen Holländer im Rentenalter, er ging mit einer Gruppe ehrenamtlicher Beobachter in braunen Westen durch die Stadt. An seiner Seite ein junger Kollege aus London. Einen Norweger sah ich an der Seite eines Türken, mit blauen Armbändern, die ebenso für eine internationale Organisation das machten, was die einige hundert Siedler offenbar gar nicht störte: beobachten.

Ich wollte auch etwas sehen, ging leise an Abeds Laden vorbei. Eine Siedler-Watching-Gruppe aus Schweden lenkte ihn ab, er erzählte ihnen von seinen Siedlererfahrungen. »Ein Siedler!«, rief einer der Schweden und ein Dutzend Kameras versuchte die Umrisse zu fokussieren, die sich hinter Holzbrettern auf einem Haus bewegten. Denn sie lebten über Abeds Laden.

Ich stapfte Treppen hoch, eine Metalltür stand offen, sie führte zu einer Terrasse, von dort ging es weiter hoch, auf das flache Dach. Wäsche hing dort an Leinen. Ich war auf privatem Grund. Um es den Siedlern nicht gleichzutun, klopfte ich an eine Tür, eine andere gegenüber auf demselben Dach öffnete sich. Ich fragte den Palästinenser, ob ich weiter hoch auf das nächste Dach dürfte. Er nickte. »Von hier!« Er zeigte auf eine Tonne, über die man klettern musste. Ganz oben angekommen, gelangte ich unter Wäscheleinen gebückt zu einer kniehohen Mauer am Rande des Daches, wo ich stehen blieb.

Von hier oben sah ich Abeds Nachbarn oder besser die, die über ihm wohnten. Die Siedler hatten einen Basketballplatz über Abeds Laden aufgebaut – auf dem jahrhundertealten steinernen Flachdach. Daneben stand ein kleines Einfamilienhaus – ebenso auf seinem Dach. Ich hörte die Klimaanlage brummen. Kinder mit blonden Schläfenlocken spielten auf einer Hüpfburg. Ihr Vater mit Kippa kam aus dem Haus, lief die Treppe runter, rief ihnen etwas zu. Sie reagierten nicht. Er rief erneut. Sie gingen in das Haus. Er räumte ihre Sachen weg und folgte ihnen. Eine normale Familienszene. Eine israelische Siedlerwelt mitten auf der palästinensischen Altstadtwelt.

Links von der Hüpfburg auf einem erhöhten Dach, aber noch weit unter meinem sah ich einen israelischen Soldaten. Er lief auf und ab. Ein Tiger im Käfig. Der kleine Wachturm neben ihm war leer. Der Tiger entdeckte mich. »Schabbat Schalom«, rief ich, denn es war noch Schabbat. Keine Reaktion. Er tigerte weiter von links nach rechts. Ich machte es mir auf dem Dach bequem, ging in die Hocke, stützte mich mit den Händen an der Mauer ab.

Dem Tiger war langweilig, das sah ich und ich wartete, bis er Lust zu reden hatte.

»Woher kommst du?«, rief er zu mir herüber.

»Aus Deutschland.«

»Wo übernachtest du?«

»In Jerusalem«, das war gelogen, aber ich wusste nicht, wo ich die Nacht verbringen würde. Und unsere Diskussion von Dach zu Dach war für lange Sätze nicht geschaffen.

»Deine Freunde?«, rief ich und zeigte auf die Siedlerfamilie. Er verzog das Gesicht und drehte sich um. Die falsche Frage.

Er ging erneut die engen Grenzen seines Daches ab. Auf und ab. Er suchte nach einem Satz. Und er fand ihn.

»Ich verteidige mein Land!«

Ich musste nachfragen. »Du verteidigst *hier* dein Land?«

»Ja.«

»Und was ist *dort*?«

Ich zeigte auf die palästinensische Altstadt unter ihm. Wieder verzog er sein Gesicht zu einer Grimasse. Er schien weder Siedler noch Palästinenser zu mögen. Er berichtete von einem Anschlag der Palästinenser, »vor vier oder fünf Jahren«, er überlegte, wann genau und was genau eigentlich geschah. 1929 hatte es in der Stadt ein Pogrom gegeben, dem etwa siebzig Juden zum Opfer fielen. 1994 richtete wiederum ein jüdischer Extremist ein Massaker in der Moschee an. Übergriffe und Morde dazwischen und danach füllen eine lange Liste – auf beiden Seiten. Doch ich hielt solche Aufzählungen für destruktiv. Sie laden zu Vergleichen ein, und mit Vergleichen ist keinem in diesem Konflikt geholfen.

Der Soldat zog die M-16 näher an sich, legte das Gewehr seitlich auf einer Tasche ab, die an seinem Oberkörper hing, so schien es bequemer zu sein.

»Wie lange dauert deine Schicht?«

»Zehn, manchmal zwölf Stunden.«

Er tigerte weiter.

»Dir ist langweilig«, stellte ich fest und er verzog nicht sein Gesicht. Wir riefen uns noch ein paar Sätze zu. Er hieß Oren, kommt aus Haifa, ist zwanzig Jahre alt, will bald studieren. Etwas mit Sprachen. Er könnte den Tag, wie mir schien, mit unserem Zurufen verbringen. Ich wollte vom Dach. Und ließ Oren in der Siedlerwelt alleine zurück.

Die Gräber kannte ich von früher, wollte nur kurz sehen, was sich in dem Bauwerk verändert hatte. Eine israelische Soldatin hielt mich an. »Welche Religion?« Ich antwortete. Es war Schabbat, nur

Juden dürfen in die Synagoge in Hebron, erklärte sie mir. Ich dachte an den Vortag, an die Moschee in Jerusalem und gab nach. Die Moschee im selben Gebäude war offen. Ein israelischer Soldat erklärte mir auf Englisch: »Left side: Muslim Mosque. Right Side: Jewish Mosque.«

Ich verstand seine Verwirrung und fand sie sympathisch. Und sein Englisch war immer noch besser als mein Hebräisch, das sich auf ein paar Wörter beschränkte. Als ich die Moschee verließ, blockierte mir ein kleiner Junge den Weg, er streckte mir einen Armreif in den Farben der Palästinaflagge entgegen, nannte einen Preis. Ich lehnte ab, ahnte, wie es nach einem »Ja«, einem Kauf, weitergehen würde, was er noch alles aus seiner Tragetasche kramen würde, um es zu verkaufen. Ich täuschte mich. Er machte auch nach meinem »Nein« weiter.

Weitere Kinder gesellten sich zu uns, umzingelten mich. Und ein junger Mann, keine zwanzig, stellte sich mit der in Hebron universellen Berufsbezeichnung »Tourguide« vor. Er drückte mir eine Karte in die Hand. Es war die Karte einer Menschenrechtsorganisation, die zeigte, welche Straßen das israelische Militär wegen der Siedlungen gesperrt, welche Geschäfte es geschlossen, welche Wohnungen es aufgelöst hatte.

Der »Tourguide« trug eine Bomberjacke mit aufgestelltem Kragen, als würde er sich für die Dritte Intifada rüsten. Und er redete wie ein Wasserfall auf mich ein. Und ich, umzingelt von den kleinen Verkäufern, bereits aus dem Augenwinkel einen weiteren »Tourguide« sehend, ergab mich. Mein einziger Trost: Niemand würde sich in den nächsten Stunden als »Tourguide« anbieten, denn ich hatte schon einen. Meinen Bomberjacken-Mann. Auch das war ein Irrtum. Bald gesellte sich ein anderer Jugendlicher dazu. »Tourguide«, sagte er, folgte uns eine halbe Stunde und bot mir aus einer schwarzen Plastiktüte die überall präsenten gestickten Geldbeutel an. »Visit my shop«, forderte er mich immer wieder auf.

Wir gingen die Straße entlang, auf der die Palästinenser auf einem schmalen Streifen hinter einer Mauer gehen müssen, die Juden dagegen die große Straße benutzen dürfen. »Halt«, rief ein Soldat. Mein Guide feilschte mit ihm. Der Soldat und er einigten sich auf einen Platz an einer Mauer, auf dem wir kurz stehen durften. Wir sahen die Kameras an den Wänden, die toten Straßenzüge, weil kein Kunde mehr zu den Geschäften kommen konnte, die dort einst geöffnet hatten.

Und wer blieb, bekam Ärger, der sich in Müll und Steinen manifestierte. Ein Gitter zwischen der Siedlerwelt oben und der Palästinenserwelt unten fing Abfall und Steine auf. Mein Guide hielt mir eine offene Zigarettenschachtel entgegen, Jamal, ich zog eine heraus. Sie hing aus dem Mundwinkel, aschte auf meinen Pullover, ich kaute auf dem Filter. Nichtraucher eben. Paffend blickte ich auf Stacheldraht, Mauern, Waffen, Kameras, Wachtürme, Scheinwerfer.

Die Siedlerwelt hatte offenbar einen Siedlertourismus hervorgebracht. Leute wie meine zwei »Tourguides« oder Abed lebten davon, versuchten es zumindest, machten sich gegenseitig und selbst das Leben zur Hölle mit dem zähen Job. Und konkurrierten mit ihren Erlebnissen. Den Hass spürte ich, hörte ich heraus. Mein »Tourguide« sei ein Lügner, sagte mir Abed. Ein Souvenirhändler sagte hingegen, Abed log. Ein anderer wiederum sagte mir, alle würden lügen.

Und jeder wollte mir seine Geschichte erzählen. Der Händler, der mir die verschmutzten Stoffe zeigte (»Die Siedler warfen Eier«), die Frau, die auf schwarze Flecken am Boden deutete (»Hier töteten sie meinen Sohn«), der Hausbesitzer in der Altstadt (»Sie legten mir einen Scheck hin und sagten, ich könne den Betrag selbst eintragen! Aber ich sagte nein!«). Die Geschichte kam zuerst, dann das Gespräch über das Geld, das alle brauchten. Der Händler wollte mir seine Stoffe verkaufen, die Frau holte aus einer Plastiktüte die gestickten Geldbeutel, ein Hausbesitzer in der Altstadt bot eine DVD über die Siedler in Hebron an, eigenhändig beschriftet.

»Siedlertour«, rief mir jemand zu und ich bereitete mich auf einen dritten »Tourguide« vor, der sich den beiden anderen anschließen wollte, die nicht von meiner Seite wichen. Statt dessen kamen israelische Soldaten. Vielleicht zwanzig. Ich sah sie auf den Dächern gegenüber, auf der Gasse vor mir. Einer hatte seine Waffe im Anschlag, zielte auf uns, suchte etwas. Zwischen den Soldaten eine Gruppe von Siedlern. Samstagnachmittag. Schabbat. Die »Siedlertour«.

Sie machten eine Stadtführung durch die Altstadt, durch die Palästinenserwelt. Ich wollte mir das anschauen, verabschiedete mich von meinen »Tourguides«, was zu zähen Verhandlungen über ihr Honorar führte. »Fünf Meter!«, rief einer der Soldaten mir zu. Er meinte den Abstand zu den Siedlern, den ich einzuhalten hatte. Die Gruppe der Ausländer mit grauen Westen und blauen Armbändern aus Norwegen, den Niederlanden, Großbritannien und der Türkei versammelte sich auf meiner Seite.

Einige Palästinenser folgten uns, und wir folgten den Soldaten, und die Soldaten folgten den Siedlern. Der Gewehrlauf eines Soldaten blieb auf uns gerichtet. Ich zitterte, merkte es beim Fotografieren, obwohl das keinen der Soldaten offenbar störte. Einer der Uniformierten holte sein Handy heraus und fotografierte uns damit. Wir waren also quitt. Nach vielleicht zwanzig Minuten verschwanden die Siedler und ihr Wachschutz hinter einer Mauer.

Der Kopf brummte. Zu viel für einen Tag. Ich wollte meine Ruhe und ahnte, sie nicht auf den breiten und viel befahrenen Straßen Richtung Süden zu finden. Aber da wollte ich hin. Ich suchte den älteren Palästinenser mit dem Gästehaus-Schild in der Altstadt auf, den ich unterwegs gesehen hatte. Sein Gästehaus bestand aus zwei Zimmern mit zwei Betten und einem Zimmer mit Matratze auf dem Boden. Das Ganze auf gleicher Höhe wie die benachbarte Siedlerwohnung – auf der anderen Seite der schmalen Altstadtgasse, die dazwischen verlief.

Der Gästehaus-Besitzer zeigte mir sein Schlafzimmer, wie er es in den Stunden, in denen ich sein Gast war, auch anreisenden Journalisten zeigen sollte. Ich konnte am Ehebett vorbei durch zwei Fenster auf einen Tisch in der Siedlerwohnung nebenan sehen. Uns trennte nur Glas, ein Gitter und die Tiefe zur Altstadtgasse voneinander.

Ich ließ mir meinen Raum für die kommende Nacht zeigen. Eine in die meterdicken Mauern der Altstadt verwachsene Höhle auf einem maroden Dach. Zu dem Zimmer gelangten wir über eine Treppe, eine Terrasse und durch das Zimmer eines anderen Gastes und einer weiteren, noch schmaleren Treppe. Der Raum hatte kein Fenster, dafür dunkle Flecken an der Wand, an der drei lange, rostige Nägel hingen, und zwei ungemachte Betten. Der Gästehaus-Besitzer schaute mich unsicher an. »Sehr gut«, sagte ich, so als wäre es eine Suite des King David Hotels in Jerusalem, und ließ mir den Schlüssel geben. Ich hatte in dieser Stadt keine Wahl.

Ich verließ meine Höhle, um noch einmal die Sonne zu sehen. Sie ging hinter einem israelischen Wachturm unter, der keine zwanzig Meter vor meiner Tür stand. Ein Kamerad von Oren, dem israelischen Soldaten, entdeckte mich, den neuen Nachbarn. »Wieso schaust du so?«, schrie er mich an.

Ihm war offenbar so langweilig wie Oren. Nur war Oren ganz nett gewesen, mein Nachbar jedoch wütend. Ich drehte mich um und verschwand wieder in meiner Höhle. Ich hörte das Rauschen eines Funkgerätes. Husten. Immer wieder Husten. Orens Kollege hatte sich vermutlich erkältet auf seinem Posten.

»Hallo?«, rief der Soldat. Er schien es sich anders überlegt zu haben.

»Hallo?« Noch einmal. Ich wollte meine Ruhe, war nicht für seine Langeweile verantwortlich.

»Hallo?« Er war geduldig. Ich auch.

Nachts jaulten Hunde auf den Dächern, wie immer sie ihren Weg dorthin gefunden haben mögen. Die palästinensischen Nachbarn nebenan hatten einen Streit. Die jüdischen Nachbarn konnte ich von meiner Höhle aus nicht hören. Auch Orens Kameraden konnte ich nicht mehr erkennen. Vor der Höhlentür stehend, strahlten mir zwei Scheinwerfer von seinem Posten entgegen und färbten die Außenmauern meines Raumes gelb ein.

Ich musste weg von hier. Raus aus Hebron. Die Frau des Gästehaus-Besitzers machte für mich und ihre Familie das Frühstück. Ein Salat aus Tomaten, Lauchzwiebeln und Zitronen. Ein ganzer Teller gekochter Eier. Dazu Brot und Joghurt, eine Kanne gesüßten Schwarztee, der nach Kamille duftete. Wir saßen im Kreis auf Polstern und Teppichen auf dem Küchenboden.

Ich wollte auf das Dach, die Sonne sehen. Mein Soldat vom Wachturm entdeckte mich, rief mir zu. »Go!« Der Gästehaus-Besitzer hörte es, stieg zu mir hoch, diskutierte mit dem Soldaten, wedelte mit einem Stück Papier, dessen Inhalt ich nicht kannte, das ihn vielleicht als Eigentümer des Hauses auswies. Keine Chance. »Go!«, schrie der Soldat ihn an.

Später, ich packte meinen Rucksack, war auf dem Weg aus dem Haus, rief mir mein Soldat vom Wachturm noch einmal zu.

»Ist das Ihr Dach?«

»Ja«, sagte ich, ohne nachzudenken. Immerhin war es mein Dach für eine Nacht.

»Dann dürfen Sie rauf.«

Der junge Mann hatte es sich anders überlegt, ich auch, ich wollte nicht mehr, nur noch weg.

Zu Fuß aus Hebron war ein Albtraum. Ich fragte Palästinenser nach einem Weg in den Süden, nannte Städte, zeigte auf meiner Landkarte die auf dem Weg liegenden Orte Kharasa, Dahariya und Yatta. Immer bekam ich zur Antwort, wo die Sammelbusse in diese Richtung abfuhren.

»Kein Bus. Ich will laufen.«

»Kostet nicht viel!«

»Aber ich will gehen.«

»Vielleicht nur 15 oder 20 Schekel.«

»Zu Fuß!« Ich zeigte dabei auf meine Schuhe.

Die Antworten waren vernichtend.

»Das ist nicht möglich!«

»Zu weit weg!«

»Zu gefährlich!«

Eigentlich wollte ich auch nicht lange wandern, sondern per Anhalter weiter. Doch das machten Israelis. Nicht Palästinenser. Und ich wollte nicht diskutieren. Ich wollte einfach nur auf eine Straße Richtung Süden. Aber wohin? Karten waren wertlos. Manche Straßen waren vom Militär gesperrt. Andere nutzten nur Israelis, wieder andere nur Palästinenser. Manche führten in großen Schleifen um eine Siedlung oder ins Nichts.

Auf so einer Straße war ich lange unterwegs, bis ich feststellte: Der Weg führte nur zur nächsten Straßensperre. Ich wanderte zurück nach Hebron. Die Sonne stand tief. Ich wollte nachts von der Straße weg sein. Und ich beschloss zwei Fliegen mit einer Klappe zu schlagen: Richtung Süden zu fahren und mit denen zu sprechen, die ich bisher nur durch Fensterscheiben und Gitter als umstrittene Nachbarn in der Altstadt von Hebron sah.

Doch um das Vertrauen eines Siedlers zu gewinnen, der anhielt, mich mitnahm, gab es nur einen Weg, ich musste in eine Siedlung gehen. Die nächste hieß Kiryat Arba, war ausgeschildert, und ich hatte sie am Vortag von der Altstadt aus gesehen. Ich war schon einmal dort gewesen, hatte mich umgeschaut und bereits viel über sie gehört. Der Wächter an der Einfahrt der Siedlung wusste vermutlich um ihren schlechten Ruf und war skeptisch.

Ich bot ihm gute Gründe dafür. »Woher kommen Sie?« »Almania«, sagte ich und versuchte die letzten Buchstaben zu verschlucken. So hieß mein Land auf der anderen Seite, auf Arabisch. So hatte ich es die letzten Tage Dutzende Male gesagt, und so hatte es sich abgespeichert in meinem Kopf. »Germania«, schob ich laut auf Hebräisch nach. Der Wächter beobachtete mein Schauspiel mürrisch.

Ich schob meinen Ausweis durch den schmalen Spalt seiner Kontrollkabine. Er blätterte im Reisepass und blieb auf der Seite mit dem ägyptischen Visum hängen. Mit vier Stempeln, einer grünen und einer blauen Marke hatten sich das ägyptische Konsulat und die ägyptischen Grenzkontrollen verewigt. Das reichte meinem Wächter offenbar endgültig. Er griff zum Telefonhörer. Redete. Winkte währenddessen Siedlerautos an mir vorbei durch die Schranke. Legte auf.

Er wollte meinen Rucksack durchsuchen, stellte fest, dass das lange dauern würde, und begann zu klopfen. Er klopfte ihn von oben bis unten ab. Boxte in die untere Hälfte, in der meine Kleidung lagerte. Knetete sich nach oben an Badeschlappen entlang weiter bis zur Öffnung und einigen Lebensmitteln. »No bombs!«, sagte er auf Englisch, aber dennoch mehr zu sich als zu mir. Er winkte mich fort und wünschte mir weiterhin schlecht gelaunt einen schönen Tag.

Kiryat Arba war eine Schlafstadt zur Nachmittagszeit. Gepanzerte Busse fuhren im Viertelstunden-Takt ein. Menschen stiegen aus, liefen rasch über die sauberen Straßen, verschwanden in ihren Wohnungen. Ich war der einzige Mann ohne Kippa, die Eiligen beachteten mich nicht. Was ich in Hebron am Tag zuvor in einem einstündigen Stadtlauf erfolglos suchte, fand ich in der Siedlung auf Anhieb. Eine Bank, die meine Geldkarte akzeptierte.

Ein Hotel lag gegenüber. Ich wollte es mir ansehen, überlegte, vielleicht in der Siedlung zu übernachten. Ich trat durch den Haupteingang, irrte durch Gänge ohne Beschriftungen, traf auf einen Mann im Pyjama in der ersten Etage, störte eine Unterrichtsklasse im Erdgeschoss, öffnete weitere Türen, doch die Rezeption war unauffindbar. Das Siedlerhotel hatte seine Geheimnisse.

Ich entdeckte eine Telefonnummer. Rief an. »Das Hotel hat geschlossen«, sagte mir eine Frauenstimme. »Wir machen morgen wieder auf.« Ich wusste nicht, wie sie über Nacht aus dieser Baracke ein Hotel samt Rezeption zaubern wollten, aber ich fragte nicht weiter.

Die untergehende Sonne im Rücken suchte ich einen Weg zur 60er Straße. Sie liegt auf der anderen Seite der Siedlung, führt von Nazareth im Norden nach Beerscheba im Süden. Ein Siedler zeigte mir den Weg. Ich versuchte, ihn in ein Gespräch zu verwickeln. Er kam aus den USA, hatte in Kiryat Arba gelebt, sei jetzt nur zu Besuch da. Mehr wollte er nicht sagen und hielt ein Siedlerauto für mich an, das mich mitnahm, durch die Siedlung fuhr und mich bei der Tankstelle am Ortsausgang ablieferte.

Die Straße Nummer 60 lag nun direkt vor mir. Doch ich hatte Konkurrenz. Über ein Dutzend Siedler teilte meine Pläne und suchte einen Fahrer. So stand ich zwischen Schulkindern und Erwachsenen, blickte auf die Straße Nummer 60, die sich orange färbte. Ich musste von hier weg, bevor aus dem Orange ein Schwarz wurde. Die Straße war fünfzig Meter entfernt, aber keiner der Siedler wartete dort. Ein israelischer Militärjeep stand zwischen uns, sollte offenbar auf uns aufpassen.

»Dort ist es zu gefährlich«, erklärte mir eine Schülerin und zeigte auf die Straße.

»Wieso?«, fragte ich.

»Die Araber«, ergänzte sie.

»Wie ist es, hier zu leben. Ich meine, mit der Angst?«

»Man gewöhnt sich an alles.«

Nur Leute, die Kiryat Arba verließen, fuhren an uns vorbei. Für die Fahrzeuge auf der Straße Nummer 60 waren wir kleine Striche auf einem Zubringer. Das Problem lag auf der Hand. Wäre ich an den israelischen Soldaten vorbeigegangen, direkt auf die 60, wäre ich für die Siedler kein Siedler mehr. Für die vorbeifahrenden Palästinenser allerdings noch immer. Denn ich würde unmittelbar vor Kiryat Arba stehen. Ich hatte somit keine Wahl und blieb an Ort und Stelle stehen.

Die erste halbe Stunde hielten Autos und Lieferwagen, die links abbogen, nach Norden, vor allem nach Jerusalem. Ich holte meine Karte heraus, wollte sehen, welche Siedlungen im Süden lagen, wie ich mich Siedlung für Siedlung vorwärts bewegen könnte. Ich hatte zwei Karten im Rucksack und packte die falsche aus, die, die ich bis vor zwei Stunden verwendet hatte, um Palästinenser nach dem Weg zu fragen.

Ein junger Siedler zeigte auf meine Karte, auf den vorne abgebildeten Palästinenser mit Schnurrbart und rot-weißem Kopftuch, über dem auf Arabisch und Englisch »Palästina« stand. Die palästinensische Flagge wehte über seinem Kopf. Der Junge stupste einen anderen an, beide grinsten. Ich grinste mit, als wäre es ein schlechter Witz. Ließ die Karte schnell und falsch zusammengefaltet im Rucksack verschwinden.

Ein Auto mit verbeulter Stoßstange hielt, nahm die Jungs mit. Das junge Mädchen, das Angst vor Arabern hatte, sprach mich an, erklärte mir, wie ich von hier fortkommen würde. Und ich hielt mich an seinen Rat. Mit einem Siedler fuhr ich bis zur Siedlung Otniel. Mit der einen Hand lenkte er, mit der anderen griff er in eine Chipstüte vor dem Radio. Ein Junge beschallte uns mit Michael Jackson aus seinen Kopfhörern. Ich saß zwischen zwei Schulkindern, die in Otniel lebten.

»Eine große Siedlung?«, fragte ich sie.

»Nur hundertzwanzig Familien leben dort.«

»Ist das nicht langweilig?«

Sie schauten aus dem Fenster. Die Sonne färbte die Hügellandschaft in ein helles Rot, Olivenbäume zogen als Streifen an uns vorbei. Die Landschaft war es jedenfalls nicht.

»Gibt es ein Kino oder so?«, fragte ich nach.

Beide lachten. Schranken öffneten sich, der Wächter winkte uns durch, die Schranken schlossen sich hinter dem Auto und ich stieg aus. In Otniel blickte ich auf ein für den kleinen Ort recht hohes Gebäude, auf eine Container-Siedlung davor und auf kleine Einfamilienhäuser auf der anderen Straßenseite. Ein Container-Siedler kam zu mir. Er wollte nach Norden, keine Konkurrenz für mich. Und er erzählte mir, was es mit dem hohen Gebäude auf sich hatte. Es war die Yeschiwa, eine Religionsschule, um den Talmud und die Tora zu studieren. Er lebte im Container, fuhr alle zwei Wochen nach Hause zu seiner Familie, die in der Siedlung Kfar Etzion wohnte.

Zwanzig Minuten später hielt eine Frau, auf ihrem Weg nach Süden. Ich plazierte meinen Rucksack auf dem Rücksitz und war ihr neuer Beifahrer. Sie hatte ihre Familie in Otniel besucht, sie selbst lebte nicht in einer Siedlung. Mir schien, ich konnte sie offener fragen. »Meine Familie wohnt nicht nur in einer Siedlung, weil es billiger ist als in Israel.« Sie ließ sich ein paar Sekunden Zeit bis zum nächsten Satz, vielleicht überlegte sie selbst. »Aber auch deswegen.« Weitere Sekunden. »Sie stehen hinter der Idee, das Land zu besiedeln.« Sie sagte es so, als ob sie diese Meinung teilte.

Wir fuhren an weiteren Siedlungen vorbei, deren Namen sie mir sagte, die ich mir aber nicht merken konnte. Wir hielten an der Grenze von Palästina zu Israel. Sie setzte mich vor dem Checkpoint ab, durch die Kontrollen musste ich alleine, dazu hatte mich ein Uniformierter aufgefordert, der von der Fahrerin erfuhr, dass wir nicht zusammengehörten.

Ich erregte mit meinem Rucksack und den Wanderschuhen Aufsehen. Die Grenzpolizistin behielt meinen Ausweis, ein Mann mit Maschinenpistole zeigte auf ein Gebäude. Eine Flughafenkontrolle ohne Flughafen erwartete mich. Ich packte den Laptop aus, legte den Rucksack auf ein Förderband, entleerte meine Hosentaschen, ging durch den Metalldetektor, wartete auf die Grenzpolizistin und meine Papiere.

Einige Minuten später stand ich auf der israelischen Seite des Checkpoints und streckte die Hand nach einem Fahrer aus. Der Mann mit der Maschinenpistole kam auf mich zu, wie ich durchleuchtet, gecheckt und gescannt unter einem Scheinwerfer am Straßenrand wartete, um im Licht das Vertrauen der Fahrer zu gewinnen. Der Maschinenpistolen-Mann wollte mich erneut in das Gebäude schicken, hatte sich nicht mehr an mich erinnert. Ich brachte ihn mit einer Frage, die mich wirklich interessierte, auf andere Gedanken.

»Was ist das für eine Waffe?« Ich hatte sie immer wieder gesehen auf dieser Reise, auf früheren nie.

»Sie erinnert mich an eine Uzi«, hakte ich nach.

»Nein, keine Uzi.« Er hob sie ein Stückchen in meine Richtung, sicher damit ich die Details erkennen konnte.

»Das ist eine TAR.«

»Eine TAR?«

»Eine Tavor.«

»Woher?«

»Von hier, aus Israel.«

Das erste Auto fuhr an mir vorbei.

»Aber das ist doch eine Maschinenpistole?«

»Ja. Sie hat hinten das Magazin.«

Er tippte auf das Magazin. Ein Geländewagen bog vor mir ab, er musste zum Gebäude fahren, in dem mich die Kollegin des Maschinenpistolen-Manns kontrolliert hatte.

»Sie soll jetzt auch noch mehr in der Armee eingeführt werden«, sagte er.

»Aber sie sieht schwer aus.«

»Geht. Drei Kilo. In der Armee hatte ich eine M-16. Das hier ist etwas ganz anderes. Ich hab mich noch nicht daran gewöhnt.«

Ein Auto blieb vor den Schranken stehen.

»Bei der M-16 gibt es kurze Distanzen, lange Distanzen, unterschiedliche Einsatzgebiete.«

Ich nickte.

»Bei der TAR gibt es nur die kurze Distanz.«

Der Wagen fuhr langsam an uns vorbei.

»Musstest du sie schon einmal verwenden?«

»Nein.«

Die Frage schien ihm nicht zu gefallen, er wünschte mir viel Glück, lief zurück zu seinem Posten hinter einer hüfthohen Mauer.

Ein Auto hielt, ein junger Mann saß am Steuer, ein Siedler aus Otniel, wie sich auf unserer Fahrt herausstellte, hätte ich dort länger gewartet, wäre die Sache einfacher gewesen. Er hatte ein Date, wollte seine Freundin in Beerscheba treffen, der Wüstenstadt. Und ich freute mich auf das Bett, das es in der Großstadt für mich geben musste. Wir sprachen nicht viel, ein ruhiges Gitarrenstück lief im Radio. Wie alle meine bisherigen Fahrer hörte er den von der Armee betriebenen Sender Galgalatz. »Der Sänger heißt Eyal Golan«, erklärte mir der Fahrer. Es war die richtige Musik für sein Date. Doch die falsche für diese Wüstenstadt.

DIE WÜSTENSTADT

Das erste, was ich in Beerscheba sah, war eine Shopping Mall. Mein Fahrer setzte mich dort ab, meinte es gut mit mir, weil sie zentral lag. Zwei Soldatinnen kamen auf mich zu und fragten, wo die große Shopping Mall sei, diese war ihnen offenbar zu klein. Ich erklärte, nicht von hier zu sein, und entschuldigte mich dafür. Auf dem Weg in die Richtung, in der nach meinem Stadtplan ein Hotel sein sollte, besuchte ich eine Imbissbude. Tunkte vom Öl durchweichte Pommes in Ketchup, aß ein kaltes Schawarma-Sandwich, schöpfte mir auf zwei kleine Plastikteller Essiggurken und Krautsalat, die der Imbissmitarbeiter zuvor aus Konserven in Glasschalen gefüllt hatte.

An meiner Unterkunft wäre ich fast vorbeigewandert. Die Tafel am Eingang war nur auf Hebräisch. Man erwartete offenbar keine Fremden an diesem Ort. Auf den Sesseln vor dem Lift spielten Soldaten Karten. Obwohl es ein teures Einzelzimmer war, musste ich es mir mit einer Kakerlake teilen. Ich trank auf dem Bett ein Dosenbier und überlegte, was genau ich in Beerscheba wollte. Diese Stadt war für Arbeiter, Soldaten und Studenten gemacht. Das hatte ich jedenfalls gelesen. Nicht für Reisende. Vielleicht war ich deswegen hier.

In einem Reiseführer las ich auch, wie die Stadt aus dem Wüstenboden gestampft worden war. Wie sie stetig wächst. Aus 200 000 Einwohner könnten so einmal 500 000 werden. Woher die Menschen kamen und kommen sollen, hörte ich am nächsten Tag auf meinen Vermessungen zu Fuß durch die Stadt. Ich lernte Esther kennen. Sie kam in Beerscheba auf die Welt, diente zwei Jahre in der Armeeverwaltung und wollte bald mit dem Studium beginnen. Später, wenn das Geld da ist, möchte sie raus, nach Haifa, in den Norden. Weg von der Wüste.

Esthers Eltern waren 1991 aus der Ukraine nach Israel gezogen. Von Kiew in die Wüste. Die Eltern machten ihrer Tochter nichts vor, erzählten die Wahrheit über die Ankunft in Israel. »Ein Schock war das für sie«, berichtete mir Esther. Von der Metropole mit ihren Theatern, den jahrhundertealten Bauten und den großen Plätzen in die moderne Leere einer Reißbrett-Stadt.

Aber es war eine Chance für ihre Eltern gewesen, so Esther. Wieder Arbeit zu finden, von etwas leben zu können, neu anzufangen. In Kiew hatten die Eltern Anfang der 1990er und nach dem großen Knall trotz aller Vorteile einer Großstadt im großen Chaos gelebt. Sie reisten nur mit einem Koffer voller Kleidung nach Israel. Mehr nicht.

Sie fingen bei null an. Eigentlich nicht bei null, sondern bei Minuswerten. Denn es herrschte Krieg. Der Irak feuerte Scud-Raketen Richtung Israel ab. Viele Israelis aus dem Norden flüchteten in den Süden. Die ersten Jahre lebten ihre Eltern deswegen in einer Wohnwagensiedlung in Beerscheba, später bezogen sie eine eigene Wohnung.

Esther erzählte gerne und beantwortete meine Fragen. Und ich wollte es wirklich wissen. Bei der Einreise war ihr Vater dreißig, die

Mutter zweiundzwanzig Jahre alt gewesen. Sie lernten Hebräisch, fanden einen Job und brachten Esther zur Welt. Eine kleine Erfolgsstory. Dass sich die Geschichte von Esthers Eltern wiederholte, sah ich an den zahlreichen Geschäften mit der kyrillischen Schrift auf den Werbetafeln. Ich besuchte eines dieser Geschäfte, die Auslagen voller Figuren, CDs mit osteuropäischen und russischen Stars auf den Covern und Bücher mit kyrillischer Schrift. In einem Regal entdeckte ich auch deutschsprachige Bücher. Vom zehnten Band der Heine-Gesamtausgabe aus dem Jahr 1915 bis zur Übersetzung von Ian Flemings »007 James Bond jagt Dr. No«.

Esther war nicht für die Wüste geschaffen. Spielen durfte sie als Kind im Freien nur vor zehn Uhr vormittags und nachmittags. »Bei meiner hellen Haut war ich nach zwei Minuten rot.« Meinen Eindruck der nächtlichen Durchwanderung am Tag zuvor, an den Einkaufszentren vorbei zum Hotel, bestätigte Esther. »Die Freizeit besteht aus vielleicht mal eine Bar besuchen und einkaufen, einkaufen oder einkaufen.« Die Shopping Malls schienen zentrale Treffpunkte zu sein, Ausgangspunkte und Bleibepunkte.

Esther erklärte mir die Wüstenregeln. Egal wohin, ein Ziel steht allen voran: »Man rennt von Klimaanlage zu Klimaanlage.« Nicht am Tag unseres Gespräches. Ich suchte mir den Wüstenwinter für meine Reise aus, war für die Wüste sicher ebenso wenig gemacht wie Esther.

Von meinem Zimmer sah ich auf hellbraune Hochhäuser, hellbraune kleinere Wohnblöcke und hellbraune Wüstendünen. Am Ende des ersten Wüstenstadttages tat ich dann das, was eben alle tun. Ich besuchte eine Shopping Mall. Der Sicherheitsmitarbeiter am Eingang erinnerte mit seinem Metalldetektor daran, dass da etwas war, ein Konflikt, etwas mit Israelis und Palästinensern, die sich nicht einig werden. Weit, weit weg von dieser Wüstenstadt.

Ich begann im Untergeschoss in der Spielhalle für Kinder und solche, die es bleiben wollten. Ich steckte ein Geldstück in einen silbernen Automaten, weil ich für einen Motorrad-Simulator Kleingeld brauchte. Der Automat spuckte daraufhin eine zwei Meter lange Papierschlange aus. Verwundert ging ich mit dem Papier zur Theke und dem jungen Mann dahinter. Er nahm mir die Papierschlange wortlos ab, steckte sie in einen anderen silbernen Kasten, der sie wieder einzog. Auf der Anzeige leuchtete kurz darauf eine »40« auf.

»Sie haben 40 Punkte«, gratulierte mir der Mitarbeiter. Ich schenkte sie den drei Kindern neben mir, die sie gegen Süßigkeiten eintauschen durften. Ich ließ das Motorrad links liegen, fuhr mit den Rollentreppen auf und ab, spürte, dass eine Mall im Wüstenwinter ein angenehm warmer Ort ist. Ich fragte mich von Geschäft zu Geschäft durch, suchte ein Kabel für meinen Aufnahmerekorder, das ich seit Jahren vergeblich suchte.

Der kleine Telefonhändler im Erdgeschoss schickte mich zum großen Elektroladen im Obergeschoss, der verwies mich auf ein großes Telefongeschäft im Erdgeschoss, von da zurück zur oberen Etage, zu einem Ramschladen, in dem ich für 30 Schekel mein Glück fand. Verschwitzt saß ich auf einer Kombination von Tisch und Stuhl zwischen Asia-Snack und Sbarro-Pizza, sah durch große Scheiben auf den vollen Parkplatz.

Die Kabelfreude war vergangen. Michael Jackson sang seit einer Viertelstunde. Das war Beerscheba, für mich. Ich wollte von hier weg, lief zurück zur Spielhalle, setzte mich auf eine gelbe Harley Davidson, steckte vier Münzen in die Konsole. Ich machte es mir auf dem ledernen Sitz bequem, wählte auf dem Bildschirm eine Fat Boy aus, drehte den Griff bis zum Anschlag und raste davon.

Im Frühstücksraum wuchs ich fest wie eine Wüstenpflanze. Vor mir ein Teller mit Rührei, einer mit Pancakes und Schokoladensoße, Kaffee sowie eine Landkarte. Auf der Karte nahm die Negev-Wüste fast die Hälfte an Raum ein. Ich überlegte, wie und wohin ich weiter nach Süden kommen konnte. Das dauerte. Hinter mir saß das Küchenpersonal beim Frühstück, die Zeit für Gäste war eigentlich schon vorbei, sie ließen mich bei ihnen. Auf zwei Flachbildschirmen lief Channel 2. Dazwischen hingen Bilder, signiert von S. Wahsman. Gelbe, braune, rote, orangenfarbige Wellen. Ich sah in ihnen eine Wüste bei Sonnenaufgang, bei Tage und bei Sonnenuntergang. Sie wartete.

Die Straße verlief fünfspurig in Richtung Süden, später vierspurig, bald dreispurig. Eine Autofahrerstadt, die keine Fußgänger kannte. Der Wüstensommer war zu heiß, der Wüstenwinter vermutlich zu kalt für sie. Am Straßenrand hämmerte es aus Autowerkstätten. Ein starker Wind kam auf. Die wenigen kargen Sträucher und Bäume wiegten sich im Sturm. Der Himmel war bewölkt, die Luft sah verwaschen aus. Ich ging auf Pflastersteinen am Straßenrand entlang. Aus Pflastersteinen wurde trockene, steinige Erde. Aus trockener, steiniger Erde wurde trockene Erde. Aus trockener Erde ein Graben voller Plastikbecher, Plastikflaschen und Plastiktüten. Mir blieb am Ende der Asphalt der Fahrbahn.

Ein schwarzer Hund mit braunen Flecken eilte über die Straße, überlebte einen Bus, der vor ihm abbremste, verschwand in einer dunklen Baracke hinter den Sträuchern. Die Baracke war dunkel, aber nicht leer. Ein Rudel Hunde sprang heraus, schwarze, graue, weiße, wilde Wüstenhunde. Nach keinem menschlichen Zuchtplan erschaffen, sondern so, wie es die Natur wollte. Sie kläfften, knurrten und bewegten sich in meine Richtung. Der Braungefleckte hatte Verstärkung geholt. Ich versuchte nicht hinzusehen, nicht schneller zu werden, nicht zu flüchten, die einfachen Spielregeln zu beachten.

Sie kamen näher. Ich bückte mich und hob einen faustgroßen

Stein auf. Wartete. Bewegte mich nicht mehr. Hatte Angst. Der erste Hund, der mich erreichte, war der braungefleckte, keine zwei Meter vor mir eilte er zurück über die Straße, von der er gekommen war. Ich hatte keine Zeit zu zielen und zu werfen: Da war er schon aufgetaucht und wieder weg. Die Hunde drehten und kehrten zurück in ihre Baracke. Sie hatten es auf ihn, nicht auf mich abgesehen. Ich hatte trotzdem genug und streckte die Hand den vorbeirasenden Autos entgegen.

Beerscheba-Bewohner sind Mallbesucher, und Mallbesucher sind ängstliche Menschen, und ängstliche Menschen sind vorsichtige Autofahrer, und die nehmen keine Anhalter mit. Dutzende Autos rasten an mir vorbei, bis die Hyundai-Fahrerin anhielt. Sie trug eine lila Hose, einen Kapuzenpulli, ich schätzte sie auf Mitte dreißig.

Strommasten folgten der Straße Richtung Süden. Einige hundert Meter reichte die Sicht, bis aufgewirbelter Staub und Sand alles verdeckten. »Ich hoffe, mein Mann hat zu Hause die Fenster zugemacht«, sagte sie mehr zu sich als zu mir. »Könnte ein Sandsturm werden.« Am Straßenrand warnten dreieckige Schilder in roter Rahmung nicht vor Stürmen, sondern vor Tieren. »Beware of Camels near the road.«

An einer Kreuzung trennten wir uns, sie fuhr nach Aschalim, die 211er Straße Richtung Osten, Ägypten. Bei einer betonierten Bushaltestelle fand ich einen windgeschützten Platz. Zwei Autos nach einem Militärkonvoi hielt Zoey für mich. Sie fuhr rechts ran, ihr dreijähriger Sohn im Kindersitz hinter ihr. Wir redeten über das Leben in der Wüste. Sie erzählte von einer Sache, die gestern passiert war, die sie sehr beschäftige.

Ein Fahrzeug hatte einen Fuchs angefahren und getötet. Ein Adler kam, wollte den Kadaver des Fuchses fressen. Ein Fahrzeug überfuhr den fressenden Adler. Tierschützer kannten diesen Adler, es war einer der letzten seiner Art in der Negev. Und sie wussten, wo er sein Nest gebaut hatte, gingen hin, um sich um die Eier zu kümmern. Ich mochte Zoey und diese Wüstengeschichte. Das Leben in der Wüste war anders. Die Probleme waren andere. Jerusalem und Tel Aviv – alles war fern.

»Es regnete zuwenig bisher«, erklärte mir Zoey. Und die Regenzeit war fast vorbei. Der trockene Sommer stand bevor. Zoey kannte sich gut aus in der Wüste und ich suchte Rat bei ihr. Für meine nächste Etappe, für meine Tage und Nächte in der Negev. Ich hatte manches gehört, doch ich wollte es von ihr erfahren und dachte an den braungefleckten Hund.

»Gibt es irgendwelche gefährlichen Tiere für Wanderer?«

»Nein.«

Sie machte eine Pause.

»Nur Schlangen und Skorpione.«

Sie schaute in den Rückspiegel und sprach mit ihrem Sohn über den Kindergarten. »Nur Schlangen und Skorpione?«, fragte ich nach. Er kam gerade von einem Arzttermin, wollte nicht mehr zurück in den Kindergarten. Mutter und Sohn verhandelten. »Nur Schlangen und Skorpione«, wiederholte sie. Sie rief ihren Mann an, fragte ihn, ob er zu Hause sei und auf den Jungen aufpassen könnte. »Aber sie sind nachtaktiv. Du wirst sie am Tag kaum sehen.« Sie ließ mich an einer Kreuzung raus, bog ab in einen kleinen Ort, ich wollte weiter Richtung Süden.

AM RANDE DES KRATERS

Die Straßenlampe klapperte im Wüstenwind. Ein Pick-up mit drei schwarzen Rohren auf der Ladefläche hielt. Der Fahrer wusste selbst nicht, wofür sie sind, er machte nur seinen Job: liefern. Die Rohre mussten nach Mitzpe Ramon, das klang gut, ich mochte den verschlafenen Ort, der an einem Kraterrand liegt.

Den Lieferantenjob wollte mein Fahrer machen, bis er einen Studienplatz in Italien bekam. Ursprünglich verfolgte er andere Pläne, Armeepläne. Er hatte als Soldat in der Golani-Brigade gedient, deren Soldaten seit Israels Staatsgründung in allen Kriegen kämpften. Einer siebenmonatigen Ausbildung folgte eine Woche Offizierslehrgang. In der Negev fuhren wir an seiner Offiziersschule vorbei, er zeigte sie mir aus meinem Fenster. Sieben Tage, dann zerplatzte sein Traum vom Soldaten. Er hatte Knie-Probleme, der Truppenarzt fand einen Tumor im Gelenk. Er musste operiert werden. Nun saß er hinter dem Pick-up-Lenkrad, machte diesen Job, der gemacht werden musste. An einem Kreisel in Mitzpe Ramon, dem Ort am Kraterrand, verabschiedeten wir uns.

»Wüstenschule« stand auf dem Schild, das mich in Mitzpe Ramon zu Ziv brachte. Er baute am Rande der Stadt, mitten in der Wüste, eine kleine Öko-Siedlung auf. Ich war der erste Gast an diesem stürmischen Wüstentag, trank Schwarztee mit Zucker und rieb mir Sand aus den Augen, der sich im Wüstenwind angesammelt hatte. Ziv zeigte mir meine Unterkunft. Eine kleine Lehmhütte, die Elektrobirne leuchtete in einer Laterne, ich zählte drei Matratzen und ein halbes Dutzend Decken, mit deren Hilfe ich die kalte Wüstennacht überleben sollte. Kaum war Ziv aus meiner Hütte, stopfe ich eine der Decken vor das dünne Fenster, es stürmte noch immer, und kalte Luft zog am Fensterrahmen vorbei durch meine Hütte.

Ziv kannte keine Kälte und keine Angst. Keine Tür war verschließbar, auch nicht die Tür zu meiner Lehmhütte. Ich ging in die Haupthütte im Beduinenstil. Kissen lagen überall auf den Sitzecken. Nur die Beduinen fehlten. Ziv arbeitete mit ihnen in einer Organisation, die er gegründet hatte. Vor allem mit jungen Beduinen machte er Projekte. »Wir haben die gleichen Wurzeln. Nur haben wir das vergessen. Und jetzt haben wir vor lauter Vorurteilen Angst voreinander.« Ich fragte nach politischen Konzepten. »Politiker?« Ziv winkte ab. »Sie machen den Leuten nur noch mehr Angst.«

Ich hatte Beduinenzelte auf dem Weg hierher gesehen. Ein Israeli, dem ich am Straßenrand begegnet war, sprach über die Beduinen. Sein Auto war in der Werkstatt, er wartete auf ein Taxi und erzählte. »Sie machen, was sie wollen. Sie nehmen alles.« Aber der Staat sei daran schuld, er hätte die Situation der Beduinen nicht ernst genommen, ihre Gebiete zum Niemandsland erklärt. »Und das ist es auch geworden.«

Ziv schenkte mir ein Glas seines Wüstenweines ein. Ein Geschäftspartner kelterte ihn in der Öko-Siedlung. Die Fässer lagerten in einem Kühlraum neben der Haupthütte. Ich erinnerte mich an

Weinreben, die ich vor ein paar Stunden neben der 40er in der Nähe eines Gefängniskomplexes gesehen hatte. Ich wollte ein weiteres Glas, doch Ziv hatte den Raum verlassen und tauchte nicht mehr auf. Vielleicht hatte er anderes zu tun, vielleicht hatte ihn der Wüstenwind fortgeblasen. Ich wusste es nicht.

Ich saß noch Stunden alleine in der Haupthütte, der Wind fegte über das Dach, wehte durch die Löcher in den Mauern, ich schaute auf mein leeres Glas. Ich suchte meinen Weg zur Lehmhütte durch die Nacht. Die Öko-Siedlung sparte Strom und somit an Licht. Ich stemmte mich gegen den Wind, dachte an nachtaktive Schlangen und Skorpione und fand den Eingang zu meinem Nachtquartier. Dort war ich nicht mehr alleine. Die folgenden Stunden verbrachte ich unter vier Decken mit James Bond und Dr. No.

Auf einem runden Tablett servierte Ziv das Frühstück. Sesampaste, Marmelade, Joghurt mit Honig, Kaffee. Ich aß alleine in der Haupthütte. Ziv war wieder verschwunden. Yischai trat durch die Tür, stellte sich als Farmer vor, der Mann, dem die Weinreben gehörten, der die Trauben an Ziv und seinen Geschäftspartner verkaufte. »Ich reiste einmal an den Rhein und kam mit Gewürztraminer zurück«, sagte er mir. Die Trauben machten dem Farmer keine Freude, sie waren ihm in der Wüste »zu kompliziert«. Er ließ seither die Finger von Weißweinen. Ich kaufte eine Flasche seines Shiraz, stopfte sie in meinen Rucksack.

Der Wüstenwind hatte über Nacht die Wolken fortgetragen. Mit Sonnenbrille, Schirmmütze, Sonnencreme und langen Ärmeln trat ich ins Freie und durchschritt den Ort. Ein mit einem Panzer beladener Lkw stand am Straßenrand. Der Panzer ächzte unter der Last Dutzender Tonnen Metall, fluchte über die anstehende Übung, war zu schlapp für den Ernstfall. Etwas in ihm arbeitete, dachte nach. Drei Soldaten rauchten unter dem Schatten eines Baumes.

»Was ist das für ein Panzer«, suchte ich das Gespräch.

»Das ist kein Panzer«, sagte einer, der mit seinem Handy beschäftigt war und irgendwann vermutlich gelernt hatte, solche Fragen nicht für Fremde zu beantworten.

»Kein Panzer?«, fragte ich nach.

»Nein.«

Ich spielte mit. »Also ist es ein Flugzeug?«

»Ja«, antwortete der Soldat.

»Für Kinder?«

»Ja.«

»Ein Flugzeug für Kinder.«

»Zum Spielen?«

»Ja, zum Spielen.«

Die 40er Straße bog am Ende des Ortes scharf nach links ab. Von einer Mauer dort sah ich in den Krater hinab, so weit das Auge reichte nur Krater: 40 Kilometer lang, bis zu zehn Kilometer breit und 500 Meter tief soll er sein. Durch ihn verläuft der Israel Trail, ein Fernwanderweg von den Golanhöhen bis in den Süden. Den Pfad konnte ich von hier oben als dünnen Faden am Kraterboden erahnen. Ich war einmal den Kraterrand hinabgelaufen, auf der vergeblichen Suche nach Fossilien, Gazellen und Steinböcken, die es dort unten geben soll. Ich wollte noch einmal hinunter und dieses Mal den Krater durchwandern.

Ein Paar, Mitte vierzig, hielt vor dem Krater, parkte mit dem weißen Citroën neben mir und der Mauer. Er baute einen Gaskocher auf, bereitete Kaffee zu. Sie beobachtete ihn dabei. An der 40er hinter ihnen arbeiteten sich Fahrzeuge hoch. Ich zählte sie. Jedes vierte Fahrzeug hatte ein schwarzes Militärabzeichen. Das Paar küsste sich. Beide kannten sich offenbar noch nicht lange. Die Bewegungen wirkten unsicher.

Ein Lkw zog einen Anhänger, der mit einem Kampfpanzer beladen war. Er streichelte ihre Wangen. Ein Transporter schleppte zwei Transportpanzer den Krater hoch. Sie streichelte nicht, hatte die Hände noch in den Jackentaschen vergraben. Ein Tanklaster der Armee fuhr vorbei. Er legte seine Hand auf ihre Jacke. Wieder ein Lkw mit Kampfpanzer. Vorsichtig bewegte er seine Hand in das Innere der Jacke. Ein olivgrüner Geländewagen. Sie ließ es zu. Ein weiterer Panzer. Die rechte Hand ging zurück und verschwand unter ihrem Rock. Ein breiter Humvee-Geländewagen, Fahrer und Beifahrer hatten keine Fenster. Die Soldaten saßen im Freien, trugen Brillen, die ihr halbes Gesicht verdeckten. Er streichelte sie nicht mehr, schaute zu mir. Ich drehte den Kopf in den Krater.

Zwei Kampfflugzeuge donnerten über ihn hinweg. F15 oder F16 vielleicht. Ich sah sie unter mir tief über den Boden jagen, dicht nebeneinander. Sie feuerten Leuchtraketen ab, die jenseits der 40er Straße im Krater verpufften. Sie drehten vor dem Kraterrand nach rechts ab und wieder unter mir vorbei, zurück, wohl zur Basis. Ich schaute ihnen nach.

»Sie üben nur.« Das sagte eine Kinderstimme. Der Junge trat an mich heran. Er wollte mit seinen Freunden per Anhalter zu einer Quelle, nicht zum Schwimmen, »zum Springen«, wie er mir erzählte. »Eigentlich wollte ich da unten wandern«, sagte ich ihm. Der Junge verstand nicht, was das Problem daran war.

»Woher kommst du?«, fragte ich ihn.

»Aus Meitar.«

Ich überlegte, der Junge merkte es.

»Liegt zwischen Hebron und Beerscheba«, erklärte er.

»Ich war in Otniel«, der Siedlung Otniel, in der ich eine Fahrerin nach Beerscheba fand.

»Meitar liegt hinter der grünen Linie«, sagte der Junge.

»Auf der israelischen Seite?«

»Beide Seiten sind Israel«, erklärte er.

Ich verstand.

Das Paar wollte den Ort wechseln, hatte genug von mir oder dem Fluglärm. Es nahm den Jungen und seine Freunde mit in den Krater, zur Quelle. Ich stand alleine am Abgrund. Die Lust auf den Krater war mir vergangen, ich wollte durch, aber nicht mehr auf dem Wanderweg unter den Militärfliegern.

Die 40er Straße schlängelte sich am Kraterrand bis zum Boden des Kraters. Ich folgte ihr auf der Seite, auf der sich die Fahrzeuge den Kraterrand mir entgegen langsam hocharbeiteten. Für mich, den Wüstenlaien, gab es kaum Leben zu sehen. Ein Adler kreiste über mir, vielleicht einer der letzten, der vor kurzer Zeit einen Artgenossen auf dem Asphalt verloren hatte, weil er den Fuchs essen wollte.

Ein weiterer Hinweis auf das Leben in der Wüste war ein russisches Kreuzworträtsel, das zerfleddert im Sand lag. Die Sonne brannte, ich suchte nach Schatten, den es am Kraterrand nicht gab. Nach einigen Pausen kam ich am Kraterboden an. Ich versuchte es per Anhalter. Niemand wollte mich. Also lief ich weiter, bis es zu eintönig wurde, für mich, den Wüstenlaien. Bis die Sonne zu sehr brannte, die 1,5-Liter-Flasche Wasser leer war und ein Auto hielt.

Ein Soldat saß am Steuer, der mit seinem Privatwagen nach Eilat fuhr. Eine Kaserne lag dort in der Nähe. »Ich erwarte mein Urteil.« Er zog an seiner Zigarette, beschleunigte auf 130 bei den kurzen Geraden, bremste vor den Kurven auf 70 ab und trat wieder auf das Gaspedal.

Er musste sich für eine schwerwiegende Sache verantworten. Die Armee hatte ihn gerufen zu Reserveübungen, wie sie jeden jährlich rufen kann, der einmal gedient hatte. Er wollte aber nicht. Fühlte sich nicht danach. Wollte in seiner Firma bleiben und weiter als Ingenieur arbeiten. Das sagte er der Frau von der Armee, die ihn angerufen hatte, und nun musste er in Uniform für ein Urteil in der Kaserne antreten.

»Im besten Fall kann ich morgen nach Hause. Im schlechtesten Fall muss ich für ein paar Tage ins Gefängnis.«

»Ein richtiges Gefängnis?«, fragte ich.

»Ein Armeegefängnis. Dort sind alle Soldaten, die Befehle verweigern.«

Er zeigte auf seinen gepackten Rucksack, der auf der Rückbank neben dem meinigen lag.

»Ich bin auf alles vorbereitet.«

Wir schwiegen uns einige Kilometer an.

»Vielleicht muss ich auch nur ein paar Stunden Ausrüstung putzen.«

Im Radio sangen *The Cure* ihren Klassiker *Friday I'm in Love.* Für meinen Soldaten lag der Freitag in weiter Ferne, es war Wochenanfang. »I don't care if Monday's blue. Tuesday´s grey and Wednesday too.« Ich fragte nach einer guten Bar in Eilat. In der südlichsten Stadt des Landes nahe seiner Kaserne wollte er mich rauslassen. »Three Monkeys, die Bar liegt am Meer«, sagte er mir.

Für das Urteil hatte mein Soldat einen Plan B. Wenn alles nichts helfe, würde er eine Packung Gras herausholen. Er deutete nach hinten auf seinen Rucksack. »Das ist wirklich gutes Zeug«, grinste er mich an. »Heiliges-Land-Gras.« Er kaufte es für diese Reise. »Joint-Raucher nehmen sie bei der Armee nicht.« Es sollte seine Notlösung sein.

»Panzer kreuzen die Straße«, stand auf einem großen Schild. Mein Soldat schien nicht an Panzer zu glauben, bremste nicht ab. Irgendwo rechts musste nach meiner Karte der Ada Canyon, links der Vardit Canyon sein. Städte sah ich keine. Seine Freundin rief an, Minuten später ein Arbeitskollege, man machte sich vermutlich Sorgen um ihn. Im Zentrum von Eilat verabschiedeten wir uns. »Wenn du nicht in der Gefängniszelle sitzt oder Ausrüstung putzen musst, dann lade ich dich heute Abend auf ein Bier ein. Von 21 bis 22 Uhr bin ich im Three Monkeys und warte auf dich.« Mein Soldat lachte und stimmte zu.

Auf der Terrasse der Bar saßen die drei Affen. Einer sagte nichts, der andere hörte nichts, und der dritte sah nichts. Für mich standen diese drei Affen für den ganzen Ort, sie gehörten ins Wappen der Stadt. Nicht einmal in Beerscheba war mir die Welt ferner als in Eilat, dem israelischen Festland-Mallorca, das offenbar nur aus Shops, Bars und Hotels besteht.

Kurz nach neun abends war ich einer der ersten Gäste, der vierte Affe im Bunde, und setzte mich an die Bar. Die Flasche Jack Daniels kostete 800 Schekel, 160 Euro, Absolut Wodka oder Finlandia Wodka die Hälfte. Ich trank eineinhalb Stunden billiges Maccabees-Bier, bestellte Flasche um Flasche, schaute dem Barkeeper beim Jonglieren der Flaschen zu. Er hatte Oberarme, die aus dem engen schwarzen T-Shirt quollen, als ob er die Bierkisten von der Brauerei jeden Tag persönlich durch die Wüste trug.

Halb elf. Mein Soldat war nicht gekommen. Ich befürchtete das Schlimmste für ihn, und einen der letzten Songs im Affenhaus, bevor ich zahlte, widmete ich ihm. Der DJ legte Elvis Presleys *Jailhouse Rock* auf. Ich lief über die Promenade zum menschenleeren Ufer.

Der Strand hatte sich in die Bars entleert, die Menschen von den Strandliegen an die Barhocker gespült. Bei einem verlassenen Bootsverleih versuchte ich ein Zwei-Mann-Kanu ins Wasser zu ziehen. Es lag wie mit Sand gefüllt am Ufer und ließ sich keinen Zentimeter bewegen. Ich setzte mich in ein Tretboot, wippte damit auf dem Sand auf und ab, schaute über das Rote Meer in benachbarte Lichter. Die angestrahlte jordanische Flagge konnte ich in Akaba erkennen. Weiter draußen, überlegte ich, rund zwanzig Kilometer Luftlinie von hier, liegt Saudi-Arabien. Nach Ägypten, auf der anderen Meeresseite, versperrte die israelische Küste die Sicht.

Am Sandstrand balancierte ich auf quaderförmigen Steinen am Ufer ins Kneipenviertel. An der Promenade waren manche Modegeschäfte noch geöffnet. Vorbei an einem Irish-Pub, einem Beatles-Club, fing mich die Messi-Bar auf. Auffangbecken und Sackgasse, das Ende der Kneipenstraße. Eine Band spielte Pop, wer sprach,

sprach Hebräisch. Ich fühlte mich wohl ohne uns Ausländer. Hoffte, meinen Soldaten zwischen den Tanzenden zu sehen. Aber er tanzte nicht.

In meiner Unterkunft schliefen schon alle. Ein Reisender, der auf einer Matratze neben meinem Doppelstockbett lag, war seine eigene Bar: Eine Literflasche mit Starkbier stand an seinem Kopfende. Als ich am Abend angekommen war, sah ich, wie er eine Flasche aus dem Supermarkt mitbrachte und im Foyer austrank, neben dem Kühlschrank voller überteuerter Bierdosen und -flaschen, neben der Rezeption. Ich hatte selbst, bevor ich zur Bar, den drei Affen und meinem Soldaten wollte, meine Flasche Wüstenwein ausgetrunken. Ich hatte ihn mit der Rezeptionistin geteilt, die vom Wüstenwein zum ersten Mal hörte.

Nach kurzer Nacht, einem starken Kaffee und einem Omelette fragte ich die neue Schicht an der Rezeption nach einem Viertel, wo die Immigranten aus Äthiopien leben, von denen ich viel gehört hatte. »Das sind keine Immigranten. Wir sind alle Israelis.« Ich nickte. Sie überlegte und sprach weiter. »Wir sind in Israel alle Immigranten.« Ich nickte erneut und fand es schön, wie sie das sagte. Weil es, so wie sie es sagte, aus schwarzen Israelis Israelis machte. Sie die äußerlichen Unterschiede aufhob. Das war schön. Ein schöner Traum.

Die Reinigungskräfte in Eilat waren schwarz. Schwarz wie Yastina in meiner Unterkunft, die Toiletten putzte und den Küchenboden fegte, aus dem Sudan vor sechs Jahren nach Israel gekommen. Viele, die ich gestern Nacht durch kleine Fenster in den Bars und Restaurants in den Küchen und vor den Spülmaschinen sah, waren schwarz. Wie die Bauarbeiter. Wie der Mann im Hof meiner Unterkunft, der Zement mischte.

Ich zog los in die Seitenstraßen von Eilat, die schäbigen Wege hinter und zwischen den Hotelburgen, von denen manche tatsächlich wie Festungen anmuteten. Ich lernte einen Eritreer kennen, dessen Namen ich mir nicht merken wollte, weil er mir seine Geschichte anvertraute. Er saß mit Freunden aus Äthiopien in einer dieser Seitenstraßen. Ich sah auf einem Schild in der Stadt äthiopische Schriftzeichen und fragte sie etwas dazu. Der Eritreer erklärte mir die Zeichen, von den Zeichen kamen wir zum Schreiben, vom Schreiben zum Lernen.

»Ich darf hier nicht zur Schule und nicht zur Uni«, sagte er mir. Er sah offenbar an meinem neugierigen Blick, dass ich zuhören wollte, und er erzählte. Er war nach Äthiopien geflohen, das war nur ein kleiner Fußmarsch von Eritrea, weiter in den Sudan, das dauerte schon länger, weiter nach Libyen, denn er wollte nach Europa. Seine Familie war in Eritrea zurückgeblieben.

Die Grenzen in Libyen waren dicht. Ein halbes Jahr lebte er in Tripolis. Sechsmal sollten sie an der Küste auf ein Boot warten, sechsmal liefen sie hin und warteten, sechsmal schickte sie der Schleuser zurück, weil zu viel Militär auf dem Wasser war. Also zogen sie weiter nach Ägypten, von dort nach Israel.

Es war die erste Landgrenze, die gut bewacht war. Er ging zu Fuß mit einer Gruppe anderer Flüchtlinge. Einer von ihnen verletzte sich unterwegs, war nicht schnell genug, kam um. Wurde erschossen, sagt mir der Mann. Er selbst strandete in Eilat. Von hier suchte er Arbeit, ohne Papiere, also schlecht bezahlte Arbeit. Das Geld reichte, und er zahlte über Monate einem Verbindungsmann seine 4000 Dollar Schulden ab, die er bei seinem Schleuser hatte.

Er lebte illegal ein Jahr in Israel. Versteckte sich vor der Polizei bei Landsleuten, bis er sich zur Behörde traute, ein Visum beantragte und bekam. Er ist Christ, kein Jude und hatte somit kaum Chancen für eine Staatsbürgerschaft. Das Visum wird alle drei Monate verlängert. Arbeiten darf er damit offiziell nicht. Er arbeitet aber trotzdem.

»Alle machen das«, sagte er mir. Er war in eine Polizeikontrolle geraten, die Beamten entdeckten ihn ohne Arbeitserlaubnis und sagten nichts. Seine Angst vor ihnen war unbegründet gewesen. Die Hotelstadt ist wohl auf billige Arbeitskräfte angewiesen. Er selbst arbeitet in einer der zahllosen Küchen der Stadt. Er hat keine Freundin, er will erst Sicherheiten haben, ein wenig Geld auf der Seite. Und sowieso gibt es viel mehr Männer als Frauen bei seinen Landsleuten, die es bis hierher geschafft haben.

DER HÖLLENTRIP ZUM TOTEN MEER

Ich packte meinen Rucksack und lief am Straßenrand Richtung Norden. Ich blickte auf das jordanische Gebirge im Osten, seine Spitzen verschwanden im Dunst. Ein Hyundai hielt am Straßenrand, bisher waren es fast immer Hyundais. Vielleicht war die Marke aus Südkorea so billig oder so beliebt oder beides. Vielleicht waren Hyundai-Fahrer auch einfach nette Menschen.

»Du bist erst die zweite Person, die ich mitnehme«, sagte mir die Frau mit der Sonnenbrille, die auf ihrem Sitz mehr lag als saß. »Ich hab nur gehalten, weil du keine schwarze Hautfarbe hast. Kein Araber bist. Du bist weiß«, erklärte sie mir. Sie verstaute eine korbähnliche Handtasche auf die hinteren Sitze, weitere Taschen von den hinteren Sitzen in den Kofferraum.

»Ich fahre wie Schumacher«, warnte sie mich. Es stimmte nicht ganz. Schumacher hatte sowohl Ferrari als auch Mercedes mit beiden Händen gesteuert. Meine Fahrerin fuhr mit einer Hand. Sie hatte in der linken Hand die dünne Vogue bleue, über die Freisprechanlage telefonierend, die rechte Hand am Steuer. Wenn sie eine SMS tippte, wechselte die linke Hand ans Steuer, die Zigarette im Mund. Sie wich den kantigen Wüstenfelsen mit 100 aus, wo Schilder 50 erlaubten. »Ich kenne die Strecke in- und auswendig«, wollte sie mich beruhigen. »Wenn ich deprimiert bin, fahre ich nach Eilat.« Sie musste oft deprimiert sein.

Sie kam vor zwei Jahren von Russland nach Israel. Zusammen mit ihrem Mann, der viel Geld hatte, ein Haus kaufte. Es ging nicht lange gut. Sie trennten sich. Er ging nach Russland zurück, sie blieb in Israel. Arbeitet seither in einem Laden, der viele russische Kunden hat. Sie hat keine Arbeitserlaubnis, fand dennoch diesen Job. Eine Hand wäscht die andere. Ihr Chef spart die Abgaben an den Staat.

Sie ist ebenso wie der Eritreer keine Jüdin. Und sie macht das, was all ihre nicht-israelischen Freunde auch machen, wie sie mir erklärte. Alle drei Monate reist sie in ein Nachbarland, Ägypten oder Jordanien, und verlängert so bei der Rückreise nach Israel um weitere drei Monate ihr Visum, ein Touristenvisum.

Ich hatte das bei längeren Aufenthalten auch so gemacht. An der Grenze werden kaum Fragen gestellt, weil es viele so machen. Nur einmal, als ich nur für eine Stunde in Jordanien blieb, spielte die israelische Grenzpolizei nicht mit. Sie verlängerte nur um 72 Stunden mein Visum, und ich versuchte es erfolgreich an einem anderen Grenzposten erneut, war dieses Mal ein paar Tage im jordanischen Petra geblieben und hatte mir die Felsenstadt angeschaut.

Die Russin lehnte sich nach hinten zu ihrer Handtasche, aus der sie eine schwarze Tüte zog. Sie fischte mit der rechten Hand, die linke Hand am Steuer, einen kleinen Weihnachtsmann aus Schokolade heraus und reichte ihn mir. Er hatte Weihnachten überlebt, diese Fahrt durch die Wüste nicht.

Sie lernte sehr bald Hebräisch und hatte drei Möglichkeiten: Zu konvertieren, was sehr mühsam ist. Einen Israeli zu heiraten, aber ein zweites Mal wollte sie nicht mehr heiraten. Und außerdem hatte sie die Erfahrung gemacht, dass viele Israelis auch eine Jüdin heiraten wollten. »Sex wollen sie alle, aber keine Hochzeit.« Die letzte Möglichkeit: Wie bisher weitermachen. Und dafür hatte sie sich entschieden. Vorerst.

Links der Straße, auf der israelischen Seite, tauchten Felsen auf, denen wir fortan folgten. An der Kreuzung, an der sich die 90er und die 25er Straße begegnen, hielt sie auf einem steinigen Parkplatz. Sie folgte der 25er, auf der sich ein Bus und ein Autotransporter den Berg hochschleppten, Richtung Beerscheba, der Shopping-Mall-Stadt. Ich wollte in die andere Richtung, den Berg runter, an der jordanischen Grenze bleibend, zum Toten Meer.

Die Straße war schmal, der Platz hinter dem gelben Streifen am Rand zu eng am Geländer – gefährlich für einen Wanderer. Das Gebiet hinter der Absperrung war uneben, und ich konnte nicht sehen, wohin die Pfade in der Ferne verliefen. Ich musste ein Stück weiter per Anhalter. Ich ließ zwei andere Tramper vor, sie wollten bis nach Jerusalem, ein weiter Weg und es dämmerte. Im Dunkeln zu trampen war schwierig. Sie gaben es auf und stiegen nach minutenlangen Verhandlungen in ein Taxi. Ich wartete, sah die Sonne hinter den Felsen untergehen. Ein gelber Abschleppwagen fuhr rechts für mich ran.

Bei einer Tankstelle füllte der Fahrer den Behälter unter der Ladefläche so weit auf, bis der Treibstoff aus dem Tank auf den Boden floss. Er stellte sich neben die Fahrertür, strich sich mit den Händen über Arm und Brust und betete, wippte mit dem Körper auf und ab. Er ließ das Telefon klingeln. Und ich ging einige Schritte fort, um ihm die Ruhe zu lassen, die er sicher brauchte. Wortlos stieg er ein, und ich folgte.

Die ersten Salzbänke, die weißen Strände, tauchten an der rechten Seite auf. In Ein Bokek wartete der Abschleppauftrag des Fahrers bei einem der kastenförmigen Hotels, von denen es an dem Touristenort am Toten Meer reichlich gab. Mein Fahrer musste zurück nach Beerscheba, und ich wanderte weiter. Ich lief im Dunkeln an Luxushotels vorbei, die mir die Sicht auf das Tote Meer versperrten. Außerhalb des Ortes erwartete mich die Nacht. Tiefstes Schwarz. Ich wollte die Straße Richtung Norden, nach Ein Gedi weiter. Der Ort ist abends eine kleine Oase am Toten Meer mit ruhigen Unterkünften. Wenn die Touristenbusse nach Tel Aviv, Eilat und Jerusalem aufgebrochen waren, den Strand menschenleer zurückgelassen hatten.

Ich wanderte vorsichtig am Rand der schwarzen und kaum befahrenen Straße, ein entgegenkommendes Auto blendete auf, erleuchtete kurz die Umgebung, und ich konnte mich umsehen, bis sich alles wieder in Schwarz auflöste. Mir blieben als Orientierungspunkte das Tote Meer auf der rechten, steile Felshänge auf der linken Seite. Ich sah dunkle Flecken, die sich auf den Felsen bewegten, vermutete Wölfe, wilde Hunde, hörte ihr leises Lachen über den einsamen Wanderer am Ufer. Ich blieb stehen, und die Flecken waren wieder Steine. Ein Zirpen erfüllte die kalte Nachtluft, wenn das seltene Motorengeräusch eines Autos verstummte, die Scheinwerfer in der Ferne erloschen.

Aus einem der dunklen Flecken wurde ein Tiger, der auf Abstand blieb, sich nicht bewegte. Ich hatte bei meinem ersten Aufenthalt in Ein Gedi von einem Tiger gehört, der hier draußen leben sollte. Ich vermutete damals einen Trick, damit die Reisenden in ihrem Hotel blieben, an der Hotelbar ihr Geld ausgaben und sich nicht mit einer Flasche Supermarkt-Wein nachts am Strand amüsierten. Aus dem Tiger wurde ein großes Ungetüm, das in den Felsspalten lauerte, meine Schritte beobachtete. Ich wollte umdrehen, zurück zu den Hotellichtern, war aber schon zu weit gelaufen. Ging weiter, schneller.

Am Straßenrand rechts parkten zwei Autos, zwei Männer unterhielten sich im Dunkeln, einer hatte eine Taschenlampe dabei.

»Wie weit ist es nach Ein Gedi?«, fragte ich ins Schwarze. Eine Taschenlampe leuchtete in meine Richtung.

»Zu weit«, antwortete jemand.

Ich begriff. Einer der Männer kam auf mich zu, sprach hebräisch mit mir. Ich konnte nicht antworten, außer in den Floskeln, die erklärten, wer ich bin und woher ich komme.

»Aus Deutschland? Kein Israeli?«, hörte ich eine andere Stimme.

Der mit der Taschenlampe trat näher an mich heran. Ich sah ein freundliches Grinsen.

»Ich bin Jamal«, stellte er sich vor. Ein arabischer Name.

Jamal fuhr mich zurück in den Touristenort, in dem mich der Abschlepper abgesetzt hatte. Dort erhellten Straßenlaternen die Gehwege, ein Sicherheitsposten kontrollierte die einfahrenden Fahrzeuge, und wer an einem Kontrollpunkt unter einer Laterne stand, so dachte ich, hatte bessere Chancen, mitgenommen zu werden, als auf der schwarzen Straße am Toten Meer. Jamal wünschte mir viel Glück. Er diktierte mir seine Telefonnummer. »Wenn du nicht von hier fortkommst, ruf mich an. Dann bringe ich dich nach Ein Gedi.«

Fünf Autos später nahm mich ein israelischer Vater mit seinem zweijährigen Sohn mit. Seine Frau machte am Toten Meer ein Yoga-Wochenende. Ein Geschenk von ihm. Er verbrachte tagsüber die Zeit mit seinem Sohn. Es war spät, der Junge war unruhig, wollte zu seiner Mutter. Und der Vater sang neben mir Kinderlieder. Eines handelte von einem Elefanten, ein anderes von einem Lkw, der Lebensmittel an Geschäfte lieferte.

Kaum in meiner Unterkunft in Ein Gedi angekommen, den Rucksack abgelegt, verließ ich mein Zimmer wieder, eilte die Straße entlang zum Strand. Der Parkplatz war so groß wie für einen Freizeitpark, aber es stand dort nur ein Auto mit Wohnwagen. Durch ein Fenster flimmerte der Fernseher. Zum Ufer führte ein Geländer den Hügel hinab. Einige Minuten später erreichte ich das salzige Wasser.

Die Straße war fern, ich hörte nur Wind und Wellen. Der Mond trat hinter Wolken hervor, und das Wasser blinkte tausendfach auf. Ich sah auf jordanischer Seite einige Lichtpunkte, legte meine Kleider auf einem Stein ab, arbeitete mich über salzige, rutschige und scharfe Steine ins Wasser, in die Tiefe. Bis ich mit dem ganzen Körper ins Mondwasser eintauchte. Das Meer trug mich, bewegungslos, wie ich da lag und zu den Sternen schaute. Es gehörte mir in dieser Nacht ganz alleine.

Am nächsten Morgen wanderte ich am Toten Meer entlang, mal in südliche, mal in nördliche Richtung. Es war noch nicht elf Uhr, da hatte ich bereits zwei Liter Wasser getrunken. Vor mir wanderte ein Rucksackträger. Er wechselte von der Straße zur steinigen Erde neben ihr. »BEWARE! SINK-HOLES AREA AHEAD«, warnten Schilder. Ganze Hütten und Parkplätze hatte der ausgehöhlte Erdboden bereits verschluckt, man sah die Überreste hinter Absperrungen. Ich hatte bisher nicht die Straße verlassen wollen, doch der Rucksackträger machte mir Mut.

Ich folgte ihm, suchte seine Spuren im Boden, fand sie und war mir sicher, der Boden, der ihn trug, trug auch mich. Der Rucksackträger bog in einen Pfad ab, der zum Kibbuz Ein Gedi führen musste, ich, feige wie ich war, ging zurück zur Straße, festen Boden unter den Füßen. Ein Auto hielt, der Fahrer arbeitete im Kibbuz. Ein junger Mann, glücklich, ein Kibbuznik zu sein und darüber, wechselnd mal in der Küche, mal im Büro zu arbeiten. Ich hatte einmal in seinem Kibbuz geschlafen, sie betreiben ein Hotel inmitten einer Oase, einem botanischen Garten.

Im Speisesaal meiner Unterkunft setzte ich mich am Abend an den einzigen freien Tisch. Auf ihm lagen mehrere Ausgaben der Tora, von der Reisegruppe am Nachbartisch abgelegt: Männer mit schwarzen Jacketts, weißen Hemden und Frauen in langen dunklen Röcken. Sie sangen zwischen den Mahlzeiten, manche beteten still und für sich. Hinter mir aßen an mehreren Tischen Israelis, die am Schabbatessen ohne Kippa und Gesang teilnahmen. Sie redeten laut und blieben es auch, wenn einer der Orthodoxen aufstand und zu seiner Gruppe sprach.

Drei Tische entfernt von den weißhäutigen Orthodoxen saß ein braungebrannter Israeli in kurzen Hosen. »Ist es ein Gebet? Was sagt er?«, fragte ich ihn und deutete auf den Redner mit grauem Vollbart. Der Israeli breitete seine Arme zu einer tischfüllenden Weite aus und sagte laut »Abrakadabra«. Er wandte sich von mir ab und widmete seine Aufmerksamkeit zwei weiblichen Gästen, gute zwanzig Jahre jünger als er, die in seiner Nähe saßen.

Am Ausgang des Speisesaals kauten zwei Steinböcke Brotreste. Die Tiere suchten überall auf dem Gelände der Unterkunft nach Futter. Ich hatte bereits mein Frühstück mit einem Steinbock geteilt.

DEUTSCHSTUNDE

Wieso es ausgerechnet hier und jetzt geschah, verstand ich nicht. Doch die Gespräche in den Autos kreisten um ein Thema. Der erste Fahrer, vielleicht Mitte fünfzig, hörte aufmerksam zu, woher ich komme, was ich in seinem Land machte. Er schaute durch die Sonnenbrille in den Rückspiegel zu mir nach hinten, seine Frau saß neben ihm.

»Ich bin das Kind von Holocaust-Überlebenden«, sagte er am Ende meiner Ausführungen. Seine Frau sagte etwas auf Hebräisch, berührte ihn sanft an der Schulter. »Er soll die Geschichte hören! Das gehört dazu«, antwortete er ihr auf Englisch. Sein Vater hatte als Partisan gegen die Nazis gekämpft, war aus dem Ghetto in Vilnius geflüchtet. 1945 kam er in Israel an und kämpfte drei Jahre später seinen nächsten Kampf, im ersten arabisch-israelischen Krieg.

Sein Sohn, mein Fahrer, weigerte sich lange Zeit, Kontakt mit Deutschen zu haben. Als ihn die israelische Armee, sein Arbeitgeber, zu einem Lehrgang der Bundeswehr schicken wollte, lehnte er ab. »Ich will nicht mit der Wehrmacht zusammenarbeiten«, sagte er. Später änderte er seine Meinung, reiste nach Deutschland, hatte bald einen Freund in München gefunden.

Der Fahrer erzählte bis zu der Stelle, an der er abbiegen musste. Ich stand alleine auf der Straße, wollte aber nicht alleine bleiben und streckte die Hand für die nächsten Kilometer aus. Wieder saß vorne ein Paar, und es war wieder der Mann, der mich fragte. Er war Ende dreißig, und seine Fragen ähnelten einem Verhör.

»Du kommst aus Deutschland?«

»Wieso bist du hier?«

»Du fährst per Anhalter?«

»Wer hält?«

»Wieso nimmt man dich mit?«

Er schaute bei den Fragen nicht in den Rückspiegel, immer auf die Straße.

»Von woher kommst du jetzt?«

»Wo warst du?«

»Wo willst du hin?«

Im Tempo, das er vorgab, fing ich an, mir selbst zu widersprechen. Merkte es, versuchte mich zu korrigieren. Dabei war es nur eine Einleitung, eine Hinführung zur eigentlichen Frage, die ihn beschäftigte.

»Was haben deine Großeltern damals gemacht?«

Ich wusste, was er mit »damals« meinte. Doch es dauerte einige Sekunden, bis ich umschaltete von den Standardfragen zur NS-Zeit.

»Sie waren Soldaten?«

»An welcher Front?«

Ich sprach darüber, weil es für mich kein Geheimnis war, zur unabänderlichen Familiengeschichte gehörte. Ich berichtete von der Soldatenzeit des einen Großvaters, die in der französischen Kriegsgefangenschaft ihr Ende fand. Ich berichtete von dem anderen Großvater, der in Stalingrad gekämpft hatte. Der nach der Gefangenschaft nach Hause kam und selten etwas vom Schlachtfeld erzählte. Das wusste ich von meinem Vater, der Großvater, der in Stalingrad kämpfte, war gestorben, bevor ich in ein Alter kam, in dem man solche Fragen stellt.

Die Partnerin meines Fahrers drehte sich zu mir um, zum ersten Mal sprach sie mit mir. Sie hatte rote Locken, Sommersprossen. Sie schaute mir in die Augen, in mich hinein und sagte nur einen Satz während der ganzen Fahrt. »Mein Großvater starb in Stalingrad.«

Der Fahrer drückte seinen linken Fuß auf das Armaturenbrett, brauchte ihn bei der Automatikschaltung nicht. Er lehnte sich so weit zurück, dass er mit ausgestreckten Armen fahren musste. Ich hatte das Gefühl, er fuhr immer langsamer. Wir schwiegen. Ich wollte kein Schweigen bei diesem Thema.

Ich erzählte von dem anderen Großvater, den ich besser kennenlernen konnte, bevor er starb. Wie er bei vielen Besuchen vom Krieg sprach, von seiner Gefangenschaft. Wie ich ihn als Erwachsener fragte, was er von der Judenverfolgung mitbekommen hatte in seinem Ort. Wie er mir erklärte, es hätte keine Juden dort gegeben. Wie meine Großmutter ihm widersprach, Namen nannte und beschrieb, wie sie abgeholt worden waren.

Mein Fahrer hörte mir zu, seine Frau auch. Viel zu früh fuhren wir rechts ran. Ich konnte nicht wie sie nach Jerusalem fahren, mein Rucksack lag noch in der Unterkunft. Der Fahrer wollte mich mit einem einzigen Satz verabschieden. »Meine Großmutter ist Polin, ihre ganze Familie starb im Holocaust.« Ich lehnte mich zu beiden vor, sagte, dass es seltsam ist, nun einfach auszusteigen, zu gehen, sich zu trennen, wo wir gerade über all das gesprochen hatten. »So ist das Leben«, sagte er durch die Sonnenbrille, den linken Fuß noch immer auf dem Armaturenbrett.

Ich mochte diesen Satz nicht, aber sie beide sollten entscheiden, wie die Fahrt mit mir zu Ende ging. »Schabbat Schalom«, sagte ich, sie erwiderten es. Ich stieg aus, kletterte über das Geländer, vorbei an den Absperrungen, ignorierte die Warnschilder, die vor der porösen Erde warnten, stolperte über Steine und setzte mich auf einen Felsen, dessen Ende im Toten Meer unter mir verschwand.

Ich hatte auf dieser Reise erst ein Gespräch über den Holocaust. Das wunderte mich nicht. Selten hatten mich auch bei anderen Aufenthalten Israelis darauf angesprochen. Meine Generation brachte offenbar kaum jemand in Verbindung mit den sechs Millionen Juden, die von meinen Landsleuten ermordet wurden. Das erste Gespräch über den Holocaust hatte auf dieser Reise in Beerscheba stattgefunden.

Ein junger Kioskmitarbeiter wollte wissen, woher ich komme, und ich sagte es.

»Wow«, antwortete er. Er blieb noch einige Sekunden sprachlos. »Wieso bist du hier?«

»Ich reise.«

»Bist du jüdisch.«

»Nein.«

»Wieso bist du dann hier?«

»Es gibt hier viel zu sehen.«

»Weißt du, was die Deutschen früher gemacht haben? Also kennst du die deutsche Geschichte?«

»Ja.«

»Und jetzt bist du hier.« Es war nicht schwer, seinen vorwurfsvollen Ton herauszuhören.

»In Deutschland wird auch in der Schule darüber gesprochen. Jeder weiß es.«

»Ihr sprecht darüber in der Schule. Wirklich?«

Ich wusste nicht, ob er die Frage ernst meinte, ob in der Wüstenstadt vielleicht ein gewisses Informationsdefizit vorlag. Aber ich wollte ihn ernst nehmen, ich war sein erster deutscher Kunde in diesem Laden, vielleicht sein erster Deutscher überhaupt.

Ich nickte ihm zu.

»Ja. Wir sprechen darüber in der Schule.«

Er überlegte, er brauchte seine Zeit, wie alles in der Wüste mehr Zeit benötigte.

»Aber ihr mögt die Juden nicht.«

Ich erzählte von Antisemiten und davon, wie schwer es ist, ein ganzes Land in eine Aussage zu packen. Und ich wollte dem Wüstenjungen und mir Hoffnung machen. Und so erzählte ich von Noah Flug, dem Holocaust-Überlebenden aus Auschwitz, mit dem ich zusammen einmal ein Projekt gemacht hatte.

»Ihr beide zusammen?« Er strahlte. Es war einfacher als gedacht.

Er überlegte wieder. Ich blieb neben der Kasse stehen. Das Bier aus dem Kühlregal wollte ich nicht mehr kaufen. Die Begegnung sollte für ihn anders zu Ende gehen, nicht damit, dass sein erster Deutscher zwei Dosen Bier kaufte. Ich schaute zu, wie er von anderen Kunden Zigaretten kassierte, Telefonkarten, Schokolade und wie er dabei überlegte.

Ich beobachtete ihn und dachte darüber nach, wie es weiterging, hier draußen, in der Wüstenstadt, mit uns beiden. Jerusalem war ein anderer Planet. Tel Aviv ein anderes Sonnensystem. Lichtjahre von diesem Kiosk entfernt. Der Fernseher hinter uns zeigte in den Abendnachrichten ein Interview mit einem Armeeangehörigen. Der Kioskmitarbeiter zog an der Zigarette. Er war gar nicht langsam. Ich war der Langsame von uns beiden, der überlegte und überlegte, wie das ausgehen könnte. Er reichte mir seine Hand. »Yoni«, stellte er sich vor.

Ich war auf dem Weg nach Norden. Ein Mittvierziger, der mich einige Kilometer fuhr, fragte mich nach den Orten, die noch vor mir liegen würden. Ich zählte sie auf, auch die palästinensischen, die auf »der anderen Seite«, wie ich es vorsichtig umschrieb. Er fuhr langsamer. Ich kannte das bereits, wenn die Fahrer interessiert waren, weitere Fragen hatten, schalteten sie einen Gang runter.

»Du warst schon mal dort?«, fragte er nach.

»Ja.« Ich antwortete so gelassen, wie es nur ging.

»Dann will ich von dir etwas wissen.«

Ich drehte mich zu ihm und wartete.

»Wollen sie Frieden mit uns?«

Ich kannte solche Fragen. Auf beiden Seiten hatte man sie mir schon gestellt.

»Ich denke, die meisten ja.«

Davon war ich wirklich überzeugt. Viele, mit denen ich gesprochen hatte, sehnten sich nach einem Alltag, einem guten Job, einer schönen Familie. Ein Transporter überholte uns, andere Autos folgten, und mein Fahrer erzählte vom 4. November 1995. Er war damals in Tel Aviv, auf einer Friedenskundgebung. Er hörte Jitzchak Rabin zu, dem Ministerpräsidenten. Mein Fahrer stand keine zwanzig Meter von der Bühne und Rabin entfernt. Und er hörte den Schuss, an dessen Folgen Rabin starb.

Wir schwiegen beide. Ich schaute auf den Tacho, der sich bei 60 einpendelte. Mein Fahrer verlor an diesem Tag den Glauben an den Frieden, wie er mir erklärte. Etwas brach für ihn zusammen. Ich verstand den Zusammenhang nicht. Ein radikaler Israeli tötete Rabin, kein Palästinenser. »Das ist eine andere Geschichte«, sagte mein Fahrer und verwirrte mich mit dieser Aussage nur noch mehr. Vielleicht zeigte ihm die Ermordung seines Ministerpräsidenten durch einen Landsmann auch, wie verzwickt die Situation ist, wie schwer es war, Friedenswillige im eigenen Land zu finden. Ich konnte nur mutmaßen.

Die Gewalt eskalierte, und er, mein Fahrer, fühlte sich von Rabin, dem Toten, betrogen. Ministerpräsident Benjamin Netanjahu, so befand mein Fahrer, ist ein Realist, und das sei ihm lieber. Er wandelte sich vom Friedensaktivisten zum Kriegsrealisten – so fasste ich das, was er mir berichtete, für mich zusammen, ohne es zu verstehen.

An einer Kreuzung reichte er mir die Hand zum Abschied. Und als wäre ich nicht schon verwirrt genug, ich hatte meine Tür schon geöffnet, da sagte er mir noch etwas. »Ich will auch Frieden. Sag ihnen das!« Kein Friedensaktivist, kein Kriegsrealist, er war ein echter Kriegspazifist.

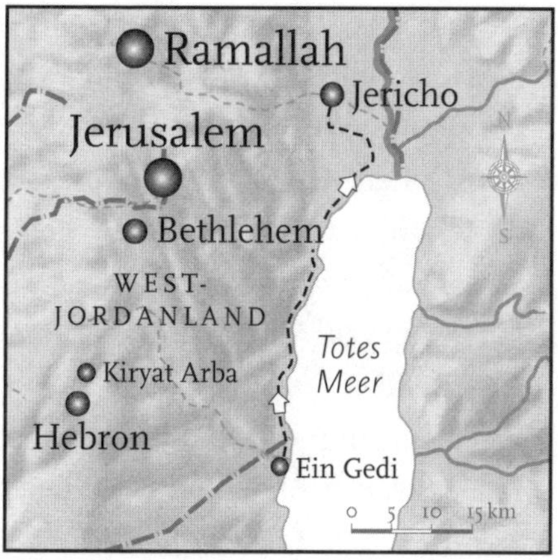

DER FRISEUR & DER HÄNDLER – BESUCH IN DER ÄLTESTEN STADT

Wenige Kilometer nach Ein Gedi standen die israelischen Soldaten am Checkpoint, dem Übergang von Israel nach Palästina, besser gesagt, in eine palästinensische Zone, schließlich ist Palästina in Zonen eingeteilt. A, B und C, je nachdem, wie viel Autonomie die Palästinenser tatsächlich in diesem Gebiet haben.

Ein Siedlerpaar aus Kalya nahm mich ein paar Kilometer mit. Sie bogen in ihre Siedlung von der Hauptstraße ab, und ich setzte mich in den Schatten einer ausgedienten Bushaltestelle ohne Fahrpläne und Hinweistafeln. Es war einer der Orte, die ich auf dieser Reise zu hassen gelernt hatte. An ihnen war ich ein Wanderer zwischen den Welten, der Siedlerwelt und der Palästinenserwelt. Die Bewohner der Siedlerwelt hielten mich für einen Verrückten, der alleine auf dieser Straße mit dem Rucksack unterwegs war. Die Bewohner der Palästinenserwelt für einen israelischen Siedler und somit für einen ihrer ärgsten Feinde.

An solchen Orten, das hatte ich mühsam gelernt, half nur die direkte Ansprache, sich vorzustellen, auf die Leute zuzugehen. Bevor sie ein Urteil fällen konnten, Vertrauen zu gewinnen, schneller als das Vorurteil zu sein. Bei vorbeirasenden Autos hatte ich keine Chance für dieses Vorgehen. Bei der Gruppe von palästinensischen Farmarbeitern, die sich mir näherte, schon eher. Ich ging auf sie zu, stellte mich vor, holte eine Karte heraus, suchte nach einem nahen Ziel in Palästina und zeigte auf Jericho. Eine Nacht dort zu verbringen war keine schlechte Idee.

Einer der Farmer stellte mir seine Gruppe vor. Sie arbeiteten auf den Gemüse- und Obstplantagen, hatten Feierabend und warteten auf den Transporter ihres Arbeitgebers. Keine fünf Minuten später hielt ihr Transporter, ein Bus wie aus dem Technikmuseum, knatternd und schnaufend neben uns. Die Farmarbeiter erzählten ihrem Kollegen, dem Fahrer, wohin ich wollte. Er winkte mich hinein und ich folgte. Einer der Arbeiter, er sah aus wie Mitte fünfzig und war aber wohl noch keine vierzig, entdeckte mich, rief mir etwas zu und klopfte mit der Hand auf den freien Sitz neben ihm.

Wir fuhren von Plantage zu Plantage, sammelten Arbeiter ein, die nichts dabeihatten außer der schmutzigen Kleider, die sie trugen. Der Arbeiter neben mir zeigte auf die Felder, die mit Plastik verdeckte Erde, auf Palmen und Gewächshäuser. »Hier wachsen Datteln!« »Dort Paprika!« Auf einer der Hallen sah ich das Logo einer israelischen Firma. Der Mann neben mir arbeitete auf den Feldern acht Stunden am Tag. Dafür erhielt er 70 Schekel, das machte ein Euro und 78 Cent pro Stunde. Und die Lebensmittel, abgesehen von Obst und Gemüse, sind nicht viel billiger als in Israel. Der Bus brachte ihn nach Dschenin, er fuhr jeden Tag eine Stunde hin und eine Stunde zurück.

Auf einer der Straßen, die ich nicht mochte, weil sie zwischen den Welten lag, verabschiedete ich mich von den Arbeitern. Sie lachten, hatten ihren Spaß mit mir, dem Rucksackreisenden, vielleicht eine Geschichte, die sie abends ihren Familien erzählen konnten, wenn sie überlegten, wie sie die 70 Schekel bis zum nächsten Tag vernünftig einteilen konnten.

Ich folgte keine hundert Meter der Straße Nummer 1 bis zum ersten Zwischenfall. Ein Auto mit grünem Nummernschild – somit ein Palästinenser – kam von der Fahrbahn ab und fuhr auf mich zu. Ich stolperte einen Schritt zurück, der Fahrer bremste vor mir, drehte und beschleunigte wieder. Aus einem anderen Auto schnitten vier Palästinenser durch die Fenster Grimassen. Ich musste runter von dieser Straße, auf der mich alle für einen Siedler hielten. Ein schwarzer Pfeil auf einer alten Steintafel führte mich auf eine schmale Straße mit Schlaglöchern und Rissen im Asphalt. »Jericho. World's oldest City« stand auf dieser Tafel.

Die mehrspurige Hauptstraße nach Jericho folgte nach meiner Karte erst später. Und dieser alte Weg in die Stadt war der richtige für mich, weil er verlassen war. Ich wanderte vorbei an Zitronenbäumen und Auberginenfeldern. Der Wind trug den Muezzin von Jericho über die ansonsten karge Landschaft. Ich erreichte am Nachmittag den Ortseingang, die palästinensische Flagge flatterte im Wind. Die palästinensische Regierung hatte offenbar erst ab hier offiziell das Recht zu regieren.

Ein uniformierter Palästinenser mit einer Kalaschnikow hielt eine Liste in der Hand und winkte mich zu sich.

»Woher kommen Sie?«, fragte mich der Kalaschnikow-Mann.

»Aus Deutschland.«

»Was machen Sie in Jericho?«, das fragte er freundlich, blickte aber verwundert auf meine Wanderschuhe und den Rucksack.

Ich zählte die Sehenswürdigkeiten auf, die ich schon einmal sah, ohne zu sagen, dass ich sie dieses Mal nicht noch einmal besuchen wollte. Das Kloster am Berghang, die Überreste der Siedlung an ihrem Fuße ...

Der Uniformierte winkte Autos durch, Touristenbusse fuhren auf der anderen Seite aus der Stadt. Er stellte die Standardfrage, die mir Palästinenser oft stellten. »Wo ist es besser? In Palästina oder in Deutschland?« Ich wusste, ehrliche Antworten kamen besser an. Er stimmte mir zu und zählte daraufhin die Probleme auf, die es in Palästina gebe. Am Ende der Befragung und seiner Ausführungen klopfte mir der Kalaschnikow-Mann auf die Schulter und sagte das obligatorische »Ahlan wa-Sahlan«, herzlich willkommen. Die »World's oldest City« ließ er mich ohne einen Blick in den Ausweis betreten.

An den Masten der Straßenlampen hingen die gelben Flaggen der Fatah. Der Inhaber meiner Unterkunft war Portier und Reinigungskraft zugleich. In letzterer Funktion hatte er offenbar Urlaub. Er führte mich zum Einchecken in ein kleines Zimmer, was zugleich Büro, Rezeption und sein Schlafzimmer war. Er bat mich, sich auf sein Bett zu setzen, bis er meine persönlichen Daten notiert hatte.

»Haben Sie heute noch andere Gäste«, fragte ich vorsichtig, weil ich ihn nicht kränken wollte.

»Ja, drei.«

»Woher?«

»Von hier.« Er zögerte einen Augenblick und ergänzte: »Es sind Freunde.«

Er führte mich in mein Zimmer, der Putz blätterte ab, die Wand hatte Löcher, der Teppichboden hatte Risse, die zu tieferen, dunkleren Schichten führten, und ich nahm mir vor, das Licht über Nacht anzulassen. Kakerlaken mögen kein Licht.

Jericho war auf Tagesreisende eingestellt, die Sehenswürdigkeiten ablaufen, als hätten sie so eine Liste wie der Kalaschnikow-Mann am Ortseingang in der Hand, die abgehakt werden musste. Mit dem Rucksack fernab der Liste unterwegs, war ich ein bunter Hund. »Hi« »Hello!« »Welcome!« Die Kinder meinten es wohl lieb, doch der Tag war lang und ich konnte nicht mehr lachen, nicht mehr grüßen, nicht mehr freundlich sein.

Ein junger Mann suchte das Gespräch mit mir. Er studierte Sozialarbeit in Nablus, arbeitete in Jericho, schob einen Karren mit Baklava durch die Straßen. Er reichte mir ein Stück, ich lehnte dreimal ab, dann war ich sicher, er meinte es ernst, und griff zu. Süßigkeiten waren Volksdroge in Palästina, und ich stellte mich darauf für die nächsten Tage ein.

Männer saßen auf Plastikstühlen vor ihren Geschäften und vor den Cafés am Straßenrand, tranken Tee, rauchten Wasserpfeifen. Die Geschäfte ähnelten sich, die Real-Madrid- Tasse stand im Regal neben einem Schlüssel aus Holz mit der Aufschrift »Key to Palestine«. Der Schlüssel ist Symbol der palästinensischen Kriegsflüchtlinge, auf meinem Weg zur Unterkunft hatte ich am Straßenrand einen mehrere Meter langen Schlüssel gesehen. »Wir werden zurückkehren« stand darauf geschrieben. »Zurück« bedeutet, ins heutige Israel.

Ich wollte nur zurück zu meiner Unterkunft, nicht zu Fuß, sondern schneller. Per Anhalter zu reisen ist bei Palästinensern nicht üblich. Taxis und die billigeren Sammeltaxis hält man mit ausgestreckter Hand an, aber nicht private Autofahrer. Ich musste einen Weg finden, auch für die nächsten Tage. Ich wollte ein Sturkopf bleiben, auf Taxis wie Busse verzichten, um Leute kennenzulernen, nicht ihnen bequem aus dem Weg zu gehen. Dafür hasste ich mich schon oft auf dieser Reise, und ich zweifelte an mancher Bushaltestelle. Doch in Jericho belohnte mich meine Hartnäckigkeit.

Zwei junge Männer kamen mir in einem Skoda mit offenen Fenstern und wummernder Musik entgegen. Sie entdeckten mich, den Reisenden, fuhren langsamer. Ich winkte sie zu mir und fragte, ob sie zufällig in meine Richtung mussten. Der Fahrer reichte mir eine Dose Energy-Drink. »Energy mit Wodka«, sagte er und ich lachte. Doch es war kein Witz. Ich nahm einen Schluck. Es schmeckte mehr nach Wodka mit Energy als Energy mit Wodka. Ich reichte die Dose an den Beifahrer weiter.

»Wir fahren nach Ramallah, essen was und fahren dich dann zu deiner Unterkunft, okay?« Es war mehr eine Feststellung als eine Frage. Und wieso eigentlich nicht? Die beiden kamen aus Jericho. Einer hatte einen Laden, der andere arbeitete als Friseur. Beide waren Muslime und sie gehörten zu den offiziellen Nicht-Trinkern der Stadt. Ich sah bei meinem abendlichen Spaziergang in den Regalen so viel Flaschen und Dosen Amstel, Heineken, Tuborg, Schlosskrone, israelisches Maccabees und palästinensisches Taybeh. Das ganze Bier hätte für die paar hundert Christen Jerichos und die Tagestouristen aus dem Ausland über Jahre gereicht.

Wir fuhren an meiner Unterkunft vorbei, raus aus Jericho, den Berg hoch nach Ramallah.

»Ist Alkohol in Deutschland im Auto erlaubt?«, fragte mein Fahrer, der sich freute, mich bei seinem Ausflug dabeizuhaben.

»Der Fahrer darf nicht trinken«, sagte ich meinem trinkenden Fahrer etwas zu vorwurfsvoll.

»Das ist bei uns genauso!«, protestierte er und nahm sich vom Beifahrer die Dose.

Ich wollte ihn und uns vor einem Unglück bewahren und sah nur eine Lösung. Ich ließ mir die Wodka-Dose reichen und trank sie aus. Alles weitere war wie aus einer schlichten Komödie. Doch unsere Fahrt verlief auch ohne Drehbuch genauso.

Hinter einer Kurve blinkten auf der Straße blaue und rote Lichter auf. Die Dose flog aus dem Fenster. Der Fahrer fluchte, bremste abrupt. Ein israelischer Soldat mit dem Gewehr vor sich hängend baute sich vor uns auf, schaute unsicher durch das Fenster, konnte vermutlich nur Umrisse erkennen. Zwei Polizisten traten an die Fahrerseite, zwei an die Beifahrerseite. Mein Fahrer reichte einem von ihnen unsere Pässe.

Die Polizisten forderten ihn auf, auszusteigen. Er folgte den Anweisungen, legte den Inhalt seiner Tasche auf die Motorhaube in den Schein der Taschenlampe, sie tasteten ihn ab, befragten ihn.

»Sie suchen nach Drogen«, flüsterte mein Beifahrer. Er musste als Nächster aussteigen, ich folgte zum Schluss, legte Münzen und Geldscheine auf die warme Haube.

Ein Polizist leuchtete in das Auto, suchte die dunklen Ecken ab. Wir froren, nebeneinander stehend ans Straßengeländer gelehnt. Sie fanden nichts und wir stiegen wieder ins Auto. Ich wartete noch auf meinen Pass. Ein Polizist öffnete meine Tür. »Martin?«, fragte er mit kräftiger Stimme. Er reichte mir meinen Ausweis und sagte auf Deutsch »Gute Nacht«. Bevor ich antworten konnte, war die Tür wieder zu.

In Ramallah besuchten wir Freunde meines Fahrers, aßen Obst, tranken süßen Kaffee, erholten uns, bestellten Pizza und sauer eingelegtes Gemüse, fuhren essend weiter und hielten bei einem Straßenhändler, den mein Fahrer auch kannte. Wir überreichten ihm saures Gemüse und zwei Pizzastücke. Er wollte uns etwas anbieten.

»Kaffee?«

»Nein danke.«

»Tee?«

»Nein danke.«

»Whiskey?«

Der Händler reichte mir den Whiskey so, dass der kleine Plastikbecher ganz in seiner großen Hand verschwand. »Niemand weiß in Ramallah, dass er trinkt«, erfuhr ich unterwegs nach Jericho, während sich der Whiskey seinen Weg in meinen Magen brannte.

Mein Fahrer wechselte das Thema, hielt die Zeit offenbar reif dafür.

»Meine Verlobte ist noch Jungfrau!«, verkündete er stolz.

»Ist das wichtig?«

»Ja.«

Ich kannte diese Diskussionen.

»Bist du auch noch Jungfrau?«

Mein Fahrer schaute entsetzt in den Rückspiegel.

»Nein!«, sagte er.

Das war ihm offenbar genauso wichtig. Übernachten durfte er bei seiner Verlobten nicht, sie nicht bei ihm, der ebenso noch bei seiner Familie lebte. Geküsst hätten sie sich schon einmal »richtig«.

»Richtig?«, fragte ich nach.

»Auf den Mund«, erklärte mir mein Fahrer, als spräche er mit einem kleinen Kind.

Das war bisher einmal bei der Verlobungsfeier der Fall gewesen. Auf die Wangen darf er sie seither bei allen Besuchen küssen. Von ihrer Familie ist immer jemand anwesend. Erst nach der Hochzeit, in einer eigenen Wohnung, da konnten sie machen, was sie wollten. Glaubte er.

Mein Friseur, der Beifahrer, schwieg schon eine Weile. Er hatte keine Freundin, war nicht verlobt, eine Hochzeit lag in weiter Ferne. Der Fahrer hielt eine Zigarette in der Hand, suchte nach Feuer, der Beifahrer hielt die Fahrerhand fest und zündete ihm die Zigarette an, bis ihr Ende rot aufleuchtete.

Ich suchte ein neues Thema, und der Fahrer half mir dabei. Er sprach von Allah und sagte, »er« wolle das und das. Ich ging nicht darauf ein, sondern fragte, ob er so sicher sei, dass »Allah« männlich und nicht weiblich ist. Das erweckte wiederum meinen Friseur zum Leben, über Frauen sprach er nicht gerne, aber Allah, das war sein Thema.

Er drehte sich zu mir um, begann zu argumentieren, auf Arabisch, mit wenigen Wörtern auf Englisch. Doch es war ihm wichtig. Auf gar keinen Fall war Allah für ihn eine Frau. So viel war sicher. Und unser Fahrer stimmte ihm laut zu: »Allah ist der Vater und nicht die Mutter!«

Wir erreichten Jericho, fuhren am Kontrollposten vorbei, die Soldaten saßen ein paar Meter entfernt im Halbkreis, interessierten sich nicht für uns. Mein Fahrer wunderte sich. Wir bogen in eine Straße ab, zu meiner Unterkunft. Ein paar Jugendliche rannten uns entgegen, mit Tüchern vermummt. Einer der Älteren mit einer Steinschleuder in der Hand. Der Fahrer hielt bei einem Händler, der weit nach Mitternacht noch aufhatte.

»Was ist los?«

»Die Juden sind in der Stadt.«

Ich fragte nach.

»Ja, manchmal kommt noch die Armee in die Stadt«, erklärte mein Fahrer. Er lachte. »Deswegen kontrollierten uns die Soldaten vorher nicht. Wenn die Israelis in Jericho sind, arbeiten sie nicht. Sie lassen uns wie die Israelis rein und raus.« Von dieser Art der Zusammenarbeit hatte ich in anderen palästinensischen Städten schon oft gehört.

»Willst du die Soldaten sehen?«, fragte mich der Fahrer und wollte drehen. Ich lehnte ab, hatte genug gesehen und fiel in mein Bett.

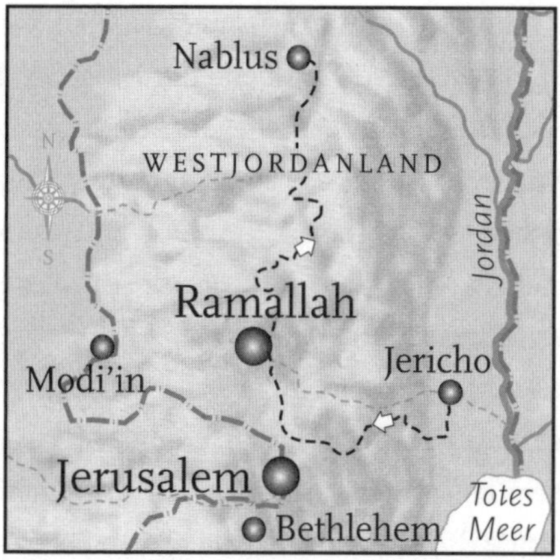

AUF DEM WEG NACH RAMALLAH

Am nächsten Morgen saß ich bei Sami im Studio von Radio Jericho. Ich hatte ihn am Vorabend über Mahmud kennengelernt. Der wiederum arbeitete in einem Café über den Dächern von Jericho. Ich war an einer Bar auf einer Terrasse mit Blick über die Stadt gesessen. Mehrere leere Hocker neben mir rief eine junge Frau, Kaffee trinkend, ins Handy. »Was willst du?«, verstand ich als einziges. Ich mutmaßte einen Streit mit ihrem Verlobten.

Ihre Freundin daneben war eine geduldige Freundin und ließ sie schreien, zog aus einem Röhrchen Bananenmilch, Nüsse schwammen oben auf. »Cocktail« heißt das im offiziell nicht-alkoholischen Palästina. Ich schaute von meinem Barhocker auf den zentralen Platz unter uns und zählte 56 Männer, keine Frauen. Jericho war eine Männerwelt, zumindest am späteren Abend, zumindest dort unten. Eine Stunde später stand es 34 zu 0.

Sami, der Radiobesitzer, leitete auch ein Lokal, dessen Speisekarte von Hamburger über »Chinese Food« bis Lasagne reichte. Einen Koch sah ich dort nicht. Ich setzte mich im Radiostudio neben ihn. Er stand am Mikrofon und las seinen Hörern das Horoskop von einer Homepage vor. Er übersetzte mein Sternzeichen, und es versprach nicht viel Gutes für diesen Tag. Ich sollte mehr über meine Probleme reden, hieß es. Und mein einziges Problem war, wie ich per Anhalter weiterreisen konnte, wenn das außer mir keiner machte. Sami wollte mich mit diesem Problem live auf Sendung nehmen, ich wehrte mich dagegen.

Er wechselte die Internetseite und berichtete, wie das Wetter in Palästina werden würde. Er musste sparen, konnte sich keine eigene Redaktion leisten, er stand erst am Anfang. Der Computer spielte eine Stunde die Sängerin Fairuz am Tag, eine Stunde Umm Kulthum, eine Stunde palästinensische Folklore, eine halbe Stunde Musik der 1990er in Arabisch und Englisch, die Morgenshow wiederholte sich nachmittags, nachts lief »Romance«, morgens eine Stunde Koranrezitation.

Einmal die Woche stand Sami auch nachts am Mikrofon. Als Problemonkel. »Die Eltern schlafen nachts, und die jungen Leute trauen sich, anzurufen«, erklärte er mir. Zwei brachte er über das Radio schon bis zur Hochzeit. In der Männerwelt auf der Straße in Jericho waren SMS, Mails und anonyme Anrufe ins Radiostudio offenbar die einzige legale Kommunikationsform für nicht verlobte Verliebte.

Ich wollte über Ramallah weiter nach Norden und lernte einen Palästinenser kennen, der meinen Plan änderte. Er fuhr nach Abu Dis, östlich von Jerusalem, ein ordentliches Stück von Ramallah entfernt. Der Mann sorgte dafür, dass ein Flüchtlingslager in Jericho zwei Wassertürme und neue Leitungen bekommt. Und ich wollte mit ihm fahren, um mit ihm darüber in Ruhe sprechen zu können. Wasser ist eines der spannendsten Themen in dieser Region. Jeder will es, keiner hat es.

Der Wasser-Mann hieß Wladimir. Er ist der einzige palästinensische Wladimir, der mir je begegnete. Ich vermutete eine russische

Mutter oder einen russischen Vater und lag falsch. Wladimir war es gewohnt, die Geschichte seiner Namensgebung zu erzählen. Seine Mutter war Spanierin, sein Vater Palästinenser, Kommunist und deswegen auch einmal Gefängnisinsasse.

Das war vor langer Zeit, vor 1967, bevor Israel das Westjordanland besetzte. Jordanier hatten das Gebiet damals verwaltet und er war somit in jordanischer Haft. Die arabischen Monarchen schätzten Kommunisten offenbar nicht sonderlich. Und im Gefängnis fasste der Kommunist den Entschluss: Sein Sohn soll Wladimir heißen. Wladimir wie Wladimir Iljitsch Uljanow, kurz Lenin.

Wladimir arbeitet sein ganzes Leben mit Wasser und der Frage, wie man es von einem Ort an den anderen transportieren kann. Sein Geld erhält er derzeit von einer US-amerikanischen Organisation. Das Problem beim Thema Wasser, erklärte mir Wladimir auf der Autobahn, ist aber nicht der Transport, sondern das Erschließen von neuen Quellen. In Palästina gilt: Ohne israelische Genehmigung keine palästinensische Brunnenbohrung.

Ich hatte von privaten Bohrungen in Jericho gehört – ohne israelische Genehmigungen. Die Stadt liegt über 200 Meter unter dem Meeresspiegel, das Grundwasser ist nicht fern. Manche Familien bohren angeblich heimlich im eigenen Garten. Aber im Rest des Landes, das nicht so tief wie Jericho liegt, geht es offenbar nur mit aufwendiger Technik, und die lässt sich nicht geheimhalten. »Israel entscheidet, wann und wo und wie tief gebohrt werden darf«, erklärte mir Wladimir.

Unzufrieden stand ich kurze Zeit später in Abu Dis. Die kurze Fahrt mit Wladimir war interessant, aber ich war nun nicht in Ramallah, an dem Ort, an dem ich sein wollte, bevor ich den Wasser-Mann kennenlernte. Und auch andere wollten nicht, dass ich in Abu Dis war. Die Schule war zu Ende. Hunderte Kinder und Jugendliche liefen über die vermüllten Straßen. Tonnenweise lag Plastikabfall zwischen Fahrzeugen, auf den Gehwegen, vor verlassenen Häusern und auf leeren Grundstücken. Dazwischen suchten sich Katzen mit zerzaustem Fell im Müll Essbares. Schnitten mit ihren Krallen Abfalltüten auf, verschwanden in Müllcontainern.

Ein Junge warf sich von hinten an meinen Rucksack. Ich stolperte einen Schritt nach vorne, fand die Balance wieder. Ich drehte mich um, schrie ihn an, er grinste und ging weiter. Ein anderer warf einen Stein, der neben mir landete. Die Stimmung in Abu Dis war an diesem Tag gereizt. Vielleicht ist sie auch immer so. Die palästinensische Stadt ist durchtrennt von einer mehrere Meter hohen Mauer, dem »Sicherheitszaun«, wie er auf israelischer Seite heißt. Der Zaun aus Beton trennt Abu Dis von den Palästinensern in Ostjerusalem. Und ich musste über diesen Betonzaun, um ohne Umwege nach Ramallah zu wandern.

In direkter Nachbarschaft von Abu Dis befindet sich die Siedlung Ma'ale Adumim, eine der größten israelischen Siedlergemeinden in Palästina. Die israelischen Bewohner dürfen sich im Gegensatz zu den Leuten in Abu Dis frei bewegen, die Barriere passieren, weite Teile Palästinas und ganz Israel mit ihrem gelben Nummernschild befahren. Und ich sah mit meinem Rucksack und den Wanderschuhen offenbar wie einer dieser Siedler aus.

Ich wollte raus, musste zum Checkpoint, der mich auf die andere Seite brachte, von wo aus ich durch Jerusalem nach Ramallah weiterkonnte. Aber ich fand keine Beschilderung, die mich zu dem Kontrollpunkt führte. Ich fragte mich durch. Von Geschäft zu Geschäft. Mal eine kleine Gasse nach links. Einen steilen Berg hoch. Wieder runter. Wieder links. Und nach oben, den Berg hoch.

Ein Junge mit schwarzen Handschuhen, schwarzem Shirt und Pullover, einer Lederjacke und Sonnenbrille rief mir etwas zu. Er erinnerte mich an den Michael Jackson aus meinen Kindheitstagen. Aber der Junge sang nicht. Der palästinensische Michael Jackson warf einen Stein, der mich knapp verfehlte. Ich rannte so schnell es mein Rucksack zuließ zu ihm. Mir blieb nur die Offensive.

Wegrennen wäre zwecklos gewesen, ich war zu schwer und zu langsam. Ich fragte Michael Jackson, was das soll. Er nuschelte etwas, schaute unter den Gläsern der Sonnenbrille vorbei auf den Boden, lachte wie ein Irrer und lief davon. Der ganze Ort war offensichtlich krank. Und ich flüchtete vor diesem Virus.

Eine Maschine am Kontrollpunkt röntgte meinen Rucksack. Ich eilte durch den Metalldetektor, er piepte. Die zwei israelischen Soldatinnen hinter dem dickem Glas sahen kurz auf, eine tippte SMS, die andere hatte die Füße mit den schwarzen Armeestiefeln auf dem Tisch vor ihr abgelegt. Die SMS-Tipperin schaute sich meinen Ausweis flüchtig an, den ich durch einen schmalen Metallspalt zu ihr schob. Sie winkte mich durch und tippte weiter. Ich hätte ihr wohl auch einen abgelaufenen Bibliotheksausweis zeigen können.

Auf der anderen Seite fragte ich einen Palästinenser nach dem Weg. Ich zeigte ihm die Landkarte, und es war anscheinend die erste Karte gewesen, die er in seinem Leben sah. Die großen Städte waren auf Hebräisch, Arabisch und Englisch beschriftet. Südlich von Jerusalem suchte er nach Ramallah, das im Norden lag. Er durfte nicht frei reisen, sagte ich mir, wieso hätte er da auch eine Karte lesen können müssen. Dieses bunte Papier mit Ortsnamen war wertlos für ihn.

Ein älterer Palästinenser kannte sich in seinem Land aus, wollte mir helfen. Ich saß im schwarzen Ledersitz, der sicher schon Generationen trug, seines rostigen 190er Mercedes'. Im Wadi Dschos, dem Tal der Walnüsse, ein paar hundert Meter vor den Mauern der Jerusalemer Altstadt, trennten wir uns. Ich wollte gleich weiter, die Stadt verlassen, in der ich schon so oft war, und erinnerte mich an den 18er Bus, der vom Damaskus-Tor bis nach Ramallah fuhr.

Mich interessierte nicht der Bus, sondern die Strecke, und ich folgte der mehrspurigen Straße raus aus der Stadt. Eine kurze Pause hatte ich zuvor im American Colony eingelegt, weil es auf meinem Weg lag und ich ein paar Minuten Einsamkeit brauchte. In einem der exklusivsten, teuersten und offenbar leersten Hotels der Stadt suchte ich Ruhe und die Möglichkeit, von der Welt unbeachtet einen Kaffee zu trinken. Ich legte das Geld in das lederne Etui zu der Rechnung, dachte, es seien Schekel, die der Kellner von mir verlangte, doch es waren Dollar. Er eilte mir nach, um noch mehr Geld zu verlangen. Ich stolperte über die Schranke der Ausfahrt des Hotels, das nicht für Rucksackreisende, sondern für Gäste gedacht ist, die vorgefahren werden.

Der 18er Bus überholte mich in den nächsten Stunden im 15-Minuten-Takt. Ich blieb stur wie ein Esel, und so lernte ich am Wegesrand Mohammed kennen. Er hatte in Berlin vor vielen Jahren Elektrotechnik studiert und sprach ein vornehmes Deutsch aus einer vergangenen Zeit. Und er freute sich, es anwenden zu dürfen. Ohne dass ich zunächst verstand wieso, zitierte er Schillers »Ode an die Freude«. Er packte sein Handy aus der Jacketttasche, schaltete es aus und wieder ein, zeigte mir dabei das Display. Und nachdem sich zwei Nokia-Hände schüttelten, begrüßte uns der Text: »Alle Menschen werden Brüder«. Er tippte auf das Display. »Das ist mein Lebensmotto.«

Er hatte Kant und Hegel gelesen, doch waren sie ihm, wie er meinte, zu kompliziert. Ich nickte verständnisvoll. Ich hatte noch einen langen Weg vor mir und deutete das vorsichtig an, ohne unhöflich sein zu wollen. Er stimmte für mich zum Abschied – ohne mich darauf vorzubereiten – die deutsche Nationalhymne an. Er sang die zweite Strophe über »deutsche Frauen« und »deutsche Treue«, und ich wollte ihm, dem alten Herrn, nicht sagen, dass heute lediglich die dritte Strophe als Hymne gesungen wird.

Ich wanderte weiter, und die Sonne ging hinter Betonsiedlungen unter, schnell brach die Nacht ein. Ich aß in einem Imbiss Schawarma, trank Cola und schaute auf die Schienen der Straßenbahn, die meinem Weg bisher gefolgt waren. Zwei Männer in blauer Kleidung und mit grauem Knopf im Ohr kontrollierten die Fahrgäste. Die Angst vor Selbstmordanschlägen war präsent.

Ich wanderte weiter, immer weiter, vorbei an dem muslimischen Busfahrer, der in seinem menschenleeren Fahrzeug stand, einen kleinen Teppich ausrollte und betete. Vorbei an kleinen Supermärkten. Vorbei an Spielzeugläden und Süßwaren-Bäckereien. Bis sich links nur noch ein Zaun und rechts die von Lampen beleuchtete und an ihrer Spitze verdrahtete Mauer auftat, der betonierte Zaun. Dazwischen blieb Platz für eine Straße und meinen Gehweg.

Einen halben Kilometer vor dem Qalandia-Checkpoint staute sich der Verkehr. Ich lief an den Autos vorbei, die mich in den letzten Minuten überholt und angehupt hatten. Grenzpolizisten kontrollierten auf der einen Seite Fahrzeuge, auf der anderen Seite Fußgänger wie mich. Ich musste durch Drehkreuze in ein Gebäude. Ein junger Israeli und eine junge Israelin schoben hinter dem dicken Glas Dienst. Er versteckte sich unter dem Tisch, zielte Richtung Glas mit seinem Gewehr. Sie lachte. Hob ihren Kopf von ihrem spielenden Kameraden zu mir.

Mein Tag war lang, anstrengend, und ich verstand keinen Spaß. Ich blieb vor dem Glas und dem Gewehrlauf stehen. »Ist es lustig hier?« Die Soldatin schmunzelte, verstand nicht, dass ich es ernst meinte. »Ist das ein lustiger Ort?«, fragte ich in die Mikrofonanlage. Ich wiederholte den Satz. Der junge Mann hatte es verstanden. Er kletterte unter dem Tisch hervor, stellte sich auf, verbeugte und entschuldigte sich. Ich wollte ihm glauben, nickte, drückte mich durch das nächste Drehkreuz auf die palästinensische Seite.

Es stank nach Autoabgasen von den Motoren, die zu lange im Leerlauf liefen. Ein grauer Dunst lag in der Luft und ich beeilte mich. Ich war der einzige, der vom Checkpoint durch Qalandia nach Ramallah den Berg hochging, und ich wusste auch warum. Am Straßenrand brannte ein Müllcontainer, ein Transporter fuhr vorbei, fächerte mit seinem Fahrtwind das Feuer weiter an.

Ich lief durch den Rauch zum nächsten brennenden Müllcontainer. Umgeben von Plastikabfall und überquellenden Mülltüten saß ein Mann auf einem Hocker am Straßenrand, vielleicht Mitte zwanzig. Er starrte an mir vorbei und zog an einer Wasserpfeife. Mein Handy piepste, ein palästinensischer Mobilfunkanbieter hatte mich offenbar geortet und sandte mir ein »Marhaba!«, Hallo!, zu. »Smell the jasmine and taste the olives«, forderte mich die SMS auf.

Große Wohnblöcke entstanden hinter dem blauen Feuer, und ich fragte mich, wer an dieser Hauptstraße bald leben musste. An Autohäusern vorbei erreichte ich Ramallah. Straßen zweigten ab, die Autos verteilten sich auf Dutzende Wege in verschiedene Richtungen, es frischte auf, war ruhiger, bevor ich im Zentrum Ramallahs, am Manara-Platz, eine Pause machte.

Zwei junge Männer gingen Hand in Hand vor mir an den steinernen Löwen im Kreisel vorbei. Die zwei Palästinenser waren nicht das, wonach es für mich ausgesehen hatte, als ich es zum ersten Mal in Palästina sah. Homosexualität gab es im offiziellen Palästina so wenig wie Alkoholkonsum. Ich lernte schnell, dass es Männerfreundschaften sind, die Berührungen erlauben, in einer Gesellschaft, die Berührungen zwischen Mann und Frau ausdrücklich auf die Zeit nach der Hochzeit verschiebt. So sah ich weit mehr Männer Arm in Arm, Hand in Hand als gemischte Paare an diesem Abend in Ramallah.

Die Stadt erinnerte mich an Beerscheba. Es ging um drei Dinge: Einkaufen, einkaufen und einkaufen. Wenn die Mode-, Technik-, Handy-, Lebensmittel-, Haushaltswaren-, Obst-, Gemüse- und Schmuckgeschäfte abends schlossen, war das Zentrum der Stadt tot. Einige hundert Ausländer und Palästinenser, die es sich leisten konnten, saßen an den Bars, füllten manche der Cafés am Rande des Zentrums, der Peripherie, das sah nach viel aus, weil es nicht viel Orte gab, es sich auf einige konzentrierte.

Ich lief an Orten wie dem »Sangria's« vorbei, mit den Weingläsern

sern, die über der Bar hingen, dem »Pronto« mit den vielen Bildern in falschen Goldrahmen, dem »Stones«, durch dessen Wasserpfeifendampf die Leute Fußball auf den Flachbildschirmen schauten. Ich kannte die Orte noch von früher.

Weit nach 22 Uhr fand ich die meisten Palästinenser in Ramallah nicht an der Peripherie, sondern in der letzten Etage eines Geschäftsgebäudes, im »Eiffel Coffee Shop«. Neonröhren an der Decke, Cola und Saft in den Kühlschränken. Die Männer rauchten Wasserpfeifen, spielten Karten oder schauten Fußball. Für mich fühlte es sich trotz oder vielleicht auch gerade wegen dieser Orte anders an. Wenn die Geschäfte schlossen, hörte das Herz Ramallahs zu schlagen auf.

Ich schaltete zum ersten Mal auf meiner Reise den Fernseher im Hotelzimmer an. Ich tippte mich auf der Fernbedienung durch 958 Kanäle. Ich war im Irak, Sekunden später im Jemen, in Saudi-Arabien. Ich sah Tausende um die Kaaba kreisen, minutenlang in derselben Kameraeinstellung. Ich sah verschleierte Talkshow-Moderatorinnen und schulterfreie libanesische Sängerinnen im Minirock auf der Straße tanzen. Ich sah Männer im Wald einen Tanz aufführen, Arm auf Schultern gegenseitig abgestützt. Ich sah singende Beduinen und einen Sonnenbrille tragenden Arafat. Ich sah Hollywoodfilme mit arabischen Untertiteln und ägyptische Spielfilme. Ich sah die ganze Welt, ohne sie zu sehen. Und ohne etwas gesehen zu haben, schlief ich in dieser Nacht in Ramallah ein.

Am nächsten Tag lernte ich Mona kennen, eine Palästinenserin aus Jerusalem. Sie arbeitet als Biologielehrerin, kommt manchmal zum Einkaufen nach Ramallah. »Hier ist es billiger«, erklärte sie mir. »Vorausgesetzt, die Händler merken nicht, dass ich aus Jerusalem komme. Dann schlagen sie auf, weil sie wissen, dass ich mehr Geld verdiene.« Sie kaufte für ihre Familie Backzutaten ein, Kokosraspeln, Bananen- und Erdbeersirup. Und für ihre Schüler neue Bücher.

Kurz darauf wanderte ich an der Seite von Moses. Er war 41 Jahre alt, sah aus wie weit über fünfzig. Er hatte gehört, wie ich bei einem Apotheker nach dem Weg fragte, und er bestand darauf, mir zu helfen. Wir erreichten das Ziel, und er bat mich um Geld. Ich drückte ihm ein paar Schekel in die Hand, noch nie bat mich jemand in Ramallah auf diese Weise so direkt um Hilfe. Es schien sich etwas zu verändern, vielleicht war es auch nur Zufall.

Ich schaute in das Gebäude mit den getönten Scheiben, hinter denen Mahmud Abbas seinen Schreibtisch haben musste. Ich kam nicht wegen des Präsidenten. Das Grab von Arafat liegt auf demselben Gelände. Vor mehreren Jahren war ich zum ersten Mal dort gewesen. Damals war das Gelände eine große Baustelle. Diesmal war es anders. Es war eine noch viel größere Baustelle. Wie damals ließ ich mir von einem Wachsoldaten erklären, was bald wo stehen sollte. Wie damals fragte ich, wann es fertig sein würde. Wie damals sagte man mir, ohne lange zu überlegen: »In wenigen Monaten.«

Ich ging auf Arafats Grab zu. Zwei Wachleute sahen mich, sie trugen Kalaschnikows und formelle Uniformen mit einem Band in den Nationalfarben um den Oberkörper. Sie beeilten sich, um vor mir am Grab zu sein, stellten sich hinter die beschriftete Steintafel, lehnten ihre Waffen daran und standen mit ausgestreckten Beinen vor mir, die Hände hinter dem Rücken gefaltet, Blick geradeaus an mir vorbei. »Darf ich fotografieren?«, fragte ich leise. Der rechte von ihnen nickte langsam, mehr Bewegung war ihm offenbar nicht gestattet.

Draußen versammelten sich weitere Wachleute um mich. Sie sprachen über ihre Waffe, die Kalaschnikow, weil ich fragte und gelernt hatte, dass das keine schlechte Frage ist, um ein Gespräch mit Uniformierten zu beginnen. Einer von ihnen streckte mir die Waffe mit beiden Händen entgegen. Er hielt sie nun in einer Hand, zog das Magazin heraus und zeigte mir die Patronen.

»Sie sind größer als in Israel bei der M16«, erklärte er.

»Aber die Kalaschnikow ist doch viel schwerer.«

Sie nickten, sie trugen sie den ganzen Tag am Körper.

»Schwerer, aber besser«, sagte der mit dem Magazin. Auf seine Kalaschnikow ließ er nichts kommen.

Es war nicht viel los, sie fragten die üblichen Fragen.

»Woher? Aus Deutschland?«

»Ich liebe Hitler!«, sagte daraufhin einer von ihnen.

Ich war nicht allzu überrascht, hatte das immer wieder bei der Nennung meines Heimatlandes in Palästina gehört. Von Uniformierten. Nicht-Uniformierten. Von Studenten. Von Professoren. Von Männern und von Frauen.

»Wieso?«, fragte ich.

»Weil er die Juden tötete!«

Auch diese Antwort kannte ich. Bei früheren Reisen, die ich mit dem Sammeltaxi gemacht hatte, kam es immer wieder vor, dass der Fahrer quer durch das Auto bei brummendem Motor »Heil Hitler!« rief und sich wunderte, dass ich verärgert den Kopf schüttelte.

Nun also der Soldat an Arafats Grab, der Hitler liebte. »Hitler war nicht gut!«, widersprach ihm ein anderer in Uniform. Sie diskutierten. Und ich wollte weiter, erzählte von der langen Reise, die noch auf mich wartete. »I love you«, sagte einer der Soldaten zum Abschied. Es war nicht der, der Hitler liebte. Immerhin.

Mutter und Sohn gingen an mir mit einem Blumenstrauß vorbei, auf ihrem Weg zu Arafats Grab. Die Wachsoldaten mit der Palästinaschleife standen auf und beeilten sich. Ich wanderte die Straße entlang Richtung Bir Zeit, von dort führte eine weitere Straße auf die Nummer 60, die mich nach Nablus bringen sollte. Aber ich wollte nicht zu Fuß gehen, weil es eine Straße ist, die an mehreren Siedlungen vorbeiführt. Und ich wollte nie mehr für einen Siedler gehalten werden.

Die palästinensischen Autos hielten nicht, ich hatte in den vergangenen Wochen bereits gelernt, dass Palästina keine Anhalter-Nation ist. Man fährt mit dem Sammeltaxi. Das Gespräch über dieses Thema am Vormittag mit der Rezeptionistin meines Hotels war nicht sehr aufmunternd verlaufen.

»Nach Nablus per Anhalter?«

»Ja!«, verkündete ich sicher.

»Das wird niemals klappen!«

»Wieso?«

»Ich würde auch nicht für Sie halten.«

»Aber wieso?«

»Weil es sein könnte, dass Sie ein Jude sind.«

»In Ramallah?«

»Ja, sie haben viele Spione hier.«

Ich sagte nichts. Behielt meine Zweifel, ob Spione per Anhalter fahren, für mich und musste feststellen, dass die Rezeptionistin recht hatte. Nicht mit den Spionen, aber mit der Unmöglichkeit, sich per Anhalter vorwärts zu bewegen. Es fiel mir sogar schwer, überhaupt am Straßenrand wahrgenommen zu werden, zu erkennen, dass die Autofahrer mein Zeichen auf sich und nicht auf die Taxis vor und hinter sich bezogen.

Nach einer halben Stunde am Straßenrand schaute ich frustriert in einer Süßwaren-Bäckerei aus dem Fenster. Mit Blick auf gelbe Taxis, die in meine Richtung fuhren, bestellte ich Kaffee und Knäfe. Der beleibte Inhaber der Bäckerei wartete, bis ich fertig gegessen hatte, erhob sich von seinem Ledersessel hinter der Kasse und setzte sich zu mir. Ich berichtete ihm von meinem Vorhaben, per Anhalter nach Nablus zu wollen. Er überlegte, stand auf und brachte mir einen zweiten Teller mit Süßem. Er zeigte auf die Stückchen und stellte sie mir vor: »Baklava und Schafayif«. Ich schmeckte zuckerigen Blätterteig, Pistazien, Quark und Rosenwasser heraus.

Der Inhaber heißt Ibrahim, er kommt aus Nablus, wohnt noch immer dort und fährt jeden Tag von der Arbeit in Ramallah nach Nablus zurück. Ich sah mich schon auf seinem Beifahrersitz, doch ich hatte Pech. Er fuhr mit dem Sammeltaxi, so wie es jeder tat. Er musste meine Enttäuschung gesehen haben. Er stand wieder auf, brachte mir ein Stückchen Blätterteig mit gehackten Nüssen, präsentierte es mir zwischen Daumen und Zeigefinger. Ich nahm, aß und lobte das süße Stückchen. »Die Zutaten bringe ich aus Nablus mit«, erklärte er mir. »Zubereitet wird hier.«

Wir saßen noch eine Weile, sprachen über deutsche Autos, weil sein Sohn Autos verkauft. Und wenn solche Gespräche in Palästina nicht von deutschen Fußballmannschaften handelten, dann nun einmal von deutschen Autos. Ich hatte von beidem keine Ahnung. Ihm fiel etwas ein. »Schaue auf das Kennzeichen. Wenn es mit einer Sieben beginnt, dann kommen die Autos aus dem Norden und fahren vielleicht wieder dorthin.«

Überzuckert und glücklich lief ich ein paar Meter die Straße entlang und achtete auf die Kennzeichen. Das Auto, das hielt und in das ich einsteigen durfte, hatte kein Nummernschild. Es war ein Porsche Cayenne und ich betrachtete den Tacho, der bis 300 reichte. Der Fahrer fuhr nach Bir Zeit, das lag auf dem Weg und war ein Anfang. Wir hielten zuerst bei seinem Chef. Er stieg ein, lächelte mir in seinem grauen Anzug zu, saß meinetwegen telefonierend hinten, was mir etwas unangenehm war, ich aber nicht mehr ändern konnte, weil wir schon wieder weiterfuhren.

Der Chef arbeitete im Baugewerbe und hatte offenbar in Ramallah viel zu tun. Kaum ein Grundstück sah ich in diesen Tagen ohne Kran, ohne Gerüst und ohne Bauarbeiter. In Bir Zeit wollte mich der Chef außerhalb der Stadt absetzen, näher an Nablus liegend, der Fahrer wollte es nicht, widersprach ihm. »Dort wird er für einen Juden gehalten!« Sie tauschten sich kurz aus, und der Fahrer setzte sich durch. Der Chef und ich stiegen aus, schüttelten uns wie beim Abschluss eines Bausparvertrages die Hand, und er setzte sich auf seinen Platz auf der Beifahrerseite. Ich stand am Straßenrand und schaute den vier Auspuffrohren hinterher.

Ein Mercedes fuhr die Straße entlang in meine Richtung, ich sah die Sieben im Nummernschild, streckte die Hand aus und rief: »Nablus!« Der Fahrer schaute mich erstaunt an und fuhr weiter. Er hielt vielleicht hundert Meter nach mir auf der rechten Seite und stieg aus. Ohne mich zu beachten, verschwand er in einem Laden. Ich lief dorthin, musste stur bleiben, es zumindest versuchen, denn ich wollte endlich nach Nablus.

Ich betrat den Laden, ein kleines Lebensmittelgeschäft, das vom Boden bis zur Decke mit Waren aufgefüllt war. Der Fahrer ließ sich zwei Flaschen Saft und vier Schoko-Croissants einpacken. Ich sagte nichts zu ihm, weil ich doch nicht mehr so aufdringlich sein wollte wie eben noch. Weil mir das Ganze ziemlich unangenehm war. Er zahlte Saft und Croissants, ging an mir vorbei, öffnete die Ladentür, zeigte auf sein Auto und sagte zu mir auf Arabisch »Itfaddal«, Bitte.

Bevor wir die 60er erreichten, hatte er mir eine der lila Saftflaschen in die Hand gedrückt und die Tüte mit den Schoko-Croissants angeboten. Er trug Zivil, arbeitet aber, wie er mir sagte, als Polizist. Er musste weiter nach Dschenin, würde mich aber in Nablus rauslassen. Ich wunderte mich ein wenig über diesen Tag, an dem ich gerade noch in einem Auto ohne Kennzeichen saß und nun mit einem Polizisten unterwegs war.

Wir fuhren die 60er entlang. Am Straßenrand standen an Bushaltestellen Siedler mit Kippa, ohne Kippa, orthodoxe Siedler in schwarzer Kleidung, säkulare in kurzen Hosen. An den Kreuzungen bogen die Straßen von der 60er ab zu ihren Siedlungen. »Schilo«, sagte der Polizist und zeigte nach rechts auf eine dieser umzäunten Gemeinden. »Ich bin für Frieden. Aber mit diesen Siedlungen wird es keinen Frieden geben«, sagte er und zeigte auf einen israelischen Militärhelikopter, der vor uns abhob und sich als kleiner Punkt am Horizont auflöste.

Im Zentrum nahe der Altstadt von Nablus stieg ich aus. Ich kenne die Stadt ganz gut, recherchierte dort monatelang zusammen mit meiner Frau. Ich rief einen Bekannten an, der mir bei vielen Recherchen mit seinen Kontakten geholfen hatte. Es war mit ihm immer sehr unkompliziert gewesen. »Wo bist du?«, fragte er mich. »Bei dir in Nablus.«

Keine zwei Stunden später saßen wir mit einem seiner Freunde in einem Wasserpfeifencafé außerhalb der Innenstadt. Wir tranken Sahlab, obenauf trieben Kokosraspeln, Zimt, gehackte Erdnüsse und Pistazien. Es war sicher der bisher kalorienreichste Tag meiner Reise. Ich nippte am Sahlab, Zimt klebte auf meinen Lippen. Ich bat meinen Bekannten um einen Gefallen, keine einfache Sache. Ich wollte mit ihm am nächsten Tag eine Familie besuchen, mit der ich für ein Buchprojekt schon oft gesprochen hatte. Er sollte übersetzen und er stimmte wie immer zu.

Die Familie verlor ihren Sohn, als er 17 Jahre alt war. Er sprengte sich in Israel in die Luft. Tötete sieben Menschen. Verletzte über drei Dutzend zum Teil sehr schwer. Fast alle seiner Brüder saßen zwischenzeitlich in israelischer Haft. Aus ihrer Sicht war Sa'ed kein Selbstmordattentäter, kein Terrorist, sondern ein Held, ein Märtyrer. Die Aqsa-Märtyrerbrigaden reklamierten Verantwortung für diese Tat.

Jahre später löste sich die Gruppe auf. Die Kämpfer bekamen von Israel Amnestie, einige mussten ins palästinensische Gefängnis, manche von ihnen nur über Nacht. Dafür wurden sie von der Liste der israelischen Armee gestrichen, mussten sich nicht mehr verstecken. Und die palästinensische Regierung bot ihnen nach Absprache mit Israel Arbeitsplätze an. Im Sicherheitsdienst. Bei der Polizei. Vom Untergrundkämpfer zum offiziellen Staatsbewaffneten.

Ich fragte meinen Helfer nach einem bestimmten Palästinenser. Ich hatte ihn interviewt, ein paar Monate bevor ihn israelische Soldaten verhafteten. Er war zu unserem Gespräch an einem Ort seiner Wahl mit einer Pistole erschienen, die hinter der Jeans klemmte. »Er ist frei. Arbeitet jetzt für den Geheimdienst«, sagte mein Bekannter. Ich war nicht erstaunt. Nicht mehr.

Ich mischte einen Satz Karten, der auf unserem Plastiktisch wie überall in dem Wasserpfeifencafé lag. Ein Männercafé mit Kartenspielern zwischen zwanzig und sechzig Jahren. Mein Helfer erklärte mir die Regeln, es spielte sich ähnlich wie Rommé. Wir spielten, und ich hustete in der dicken, süßlichen Wasserpfeifenluft sitzend, ohne an dem Schlauch zu ziehen. Ich verlor jedes Spiel.

Bei Sa'eds Familie erschienen wir ohne Ankündigung. Wir klopften an die Metalltür zum Hof. Gingen an den Zitronenbäumen und den aus Eimern wachsenden Rosen vorbei. Saßen nebeneinander auf einer Couch im Wohnzimmer. Die Mutter freute sich, mich zu sehen. Ich hatte mich mit dem Leben ihres Sohnes beschäftigt, dem Attentäter, auch mit den 17 Jahren vor seiner Tat. Um im Gleichgewicht zu bleiben, traf ich auch einen Überlebenden des Attentates, einen Israeli, der damals in unmittelbarer Nähe gestanden hatte, einen Mann mit weggesprengten Beinen sah, wie er betete.

Sa'eds Mutter erzählte, was sich seit unserem letzten Treffen in der Familie ereignet hatte. Sa'eds Schwester hatte geheiratet, ein Kind bekommen. Auch ein Bruder von Sa'ed, der vier Jahre im israelischen Gefängnis saß, heiratete. Ein anderer, der aus dem Gefängnis entlassen wurde, sucht noch einen guten Job, um sich mit

Hochzeitsfragen zu beschäftigen. Hochzeiten sind Großereignisse mit Hunderten Gästen und kosteten ein Vermögen.

Sa'eds Mutter fragte meinen Helfer, ob er verheiratet sei. »Nein?« »Wieso?« Er war über fünfundzwanzig, und das ist weit über dem üblichen Alter für eine Hochzeit in Nablus. Er war skeptisch und gegen die traditionellen Hochzeiten, in denen Mann und Frau sich vor der Hochzeit kaum richtig kennenlernen konnten. Wie eine Melone sei die Frau, sagt man in Palästina. Man weiß nicht, ob süß oder sauer. Das gilt für beide, dachte ich. Wir sprachen darüber erst später.

Wir setzten unser Gespräch in einem Café über den Dächern der Altstadt mit Blick auf die grüne Kuppel der Moschee fort. Ich erzählte von meiner Diskussion mit den zwei jungen Männern in Jericho, mit dem Fahrer, der seine Verlobte einmal auf den Mund küssen durfte und davon überzeugt war, dass sie noch Jungfrau ist. Jungfrau oder nicht war meinem Bekannten egal. »Wie kann ich das von einer Frau verlangen, wenn ich selbst schon Erfahrung gesammelt habe?«

Er führte mich durch das Labyrinth der Altstadt. In einem Laden lud er mich zum Essen ein. Hunderte Eier waren übereinander in Pappkartons gestapelt. Wir aßen Omelette, Joghurt mit Minze, Tomaten- und Gurkensalat, dazu warmes Fladenbrot, Essiggurken und Chili. Erst später dachte ich darüber nach, wie sehr Diskussionen über Selbstmordattentäter in dieser Stadt für mich schon zum Alltag geworden waren, dass wir danach hungrig beisammensaßen und aßen.

Mein Helfer hatte zu tun, und zu den Samaritanern musste ich alleine. Ich wollte wieder einmal zu dieser kleinen Gemeinschaft auf dem Berg Garizim, aber ich unterschätzte den Aufstieg. Kaum hatte ich aus der Altstadt Richtung Berg herausgefunden, musste ich immer der Straße nach oben folgen. Sie war steil, verlief serpentinenartig. Ich zog gerade meine Jacke aus, da hielt ein Auto neben mir. Das hatte ich in Palästina noch nie, ohne die Hand auszustrecken, ohne zu warten, zu suchen, mir etwas zu überlegen.

Der Fahrer stellte sich vor und erklärte, dass er mich mitnehmen wollte. Kaum saß ich, lud er mich zu sich ein. Jamal wohnte am Berghang zwischen der Altstadt und den Samaritanern mit Blick auf die Stadt. Zwei seiner Kinder haben gesundheitliche Probleme, erklärte er mir. Vielleicht könne ich helfen. Ich verstand. Seine Frau schenkte mir Tee ein, die zwei geistig und körperlich gehandicapten Jungs begrüßten mich herzlich, saßen am Tisch.

Jamal zeigte mir die Geräte, die er gekauft hatte, damit die Jungs trainierten, an ihren Gehschwierigkeiten arbeiten konnten. Sie sahen nicht sehr modern aus. Das wusste er. Er bat mich, in Deutschland weitere Hilfe zu finden. Ich konnte nichts versprechen, nahm die Visitenkarte seines Ladens mit, verabschiedete mich per Handschlag von den Jungs. Er fuhr mich den Berg hoch, am leerstehenden israelischen Kontrollpunkt vorbei, zu den Samaritanern.

Kurze Zeit später saß mir Hosni Wasif im grauen Gewand und mit roter Kopfbedeckung gegenüber. Der Samaritaner mit dem grauen Vollbart, der Sohn des einstigen Großen Priesters und zugleich Enkel des vorherigen Großen Priester. Hosni Wasif ist selbst Priester und Museumsdirektor in diesem kleinen Ort auf dem Berg, auf dem sich nach ihrem Glauben Adam und Eva kennenlernten – im Garten Eden. Der Priester saß an seinem Schreibtisch, ich gegenüber. »367 Samaritaner leben hier oben, der Rest der 760 Mitglieder zählenden Gemeinde lebt in Holon bei Tel Aviv.« Er drückte ein Kabel des Monitors in ein Loch der Tischplatte. »Vor 3000 Jahren waren wir drei Millionen.«

Die Samaritaner zogen auf den Berg, nachdem das Leben in Nablus schwierig wurde. Sie kamen zwischen die Fronten der Israelis und Palästinenser, zogen sich zurück in ihre eigene Samaritaner-Welt. »Wir beten für Frieden zwischen Israelis und Palästinensern«, sagte mir der Priester. Zugleich beschäftigen ihn auch Probleme innerhalb der eigenen, kleinen Gemeinschaft. »Wir haben zuwenig Frauen.« Und die Gemeinschaft darf nicht noch kleiner werden. Der Priester erklärte mir das Problem. Da die Gemeinschaft in sich geschlossen ist, erfordert es viel, ein Samaritaner zu werden, alle religiösen Pflichten zu erfüllen. Also ließ man sich etwas einfallen.

»Wir luden Frauen aus dem Ausland ein. Muslime, Christen, Juden.«

»Und wie?«, fragte ich nach.

»In der Uni, im Internet, per Facebook zum Beispiel«, sagte der Priester. Für ihn war es nicht einfach gewesen, dieser Idee zuzustimmen.

»Ich bin dagegen, aber was soll ich tun, wir haben zuwenig.« Wichtig war es ihm gewesen, dass die Frauen bereit waren, den strengen Regeln zu folgen und der Gemeinschaft voll und ganz beizutreten.

»Was sind das für Regeln für die Frauen?«, wollte ich wissen.

»Zum Beispiel dürfen sie während ihrer Periode niemanden berühren, auch nicht ihre eigenen Kinder.«

Er machte eine kurze Pause, wollte die Sache genauer erklären und sagte: »Weil es Gott so wollte. Es steht so in der Bibel.«

Wir verabschiedeten uns mit einem kräftigen Händedruck. »Gott sei mit dir«, sagte er, stützte sich auf seinen Stock und sah mir hinterher. Die Straßen in dem Ort waren verlassen. Ich erinnerte mich an meinen letzten Besuch bei den Samaritanern. Sie hatten ihr größtes Fest gefeiert, Pessach. Sie schlachteten Schafe, beteten, brieten sie in tiefen Grubenfeuern. Hunderte schauten dabei zu.

Bevor ich den Rückweg nach Nablus einschlug, wollte ich im Paradies vorbeischauen. Der Supermarkt mit dem hübschen Namen hatte etwas, was keiner in Nablus verkaufte: Alkohol. Ich hörte viel von dem Laden, unten im Tal, in Nablus, und fragte nach.

»In Nablus gibt es keinen Alkohol?«

»Nein, nur hier.«

»Auch nicht unter der Ladentheke?«

Der Verkäufer schüttelte den Kopf, doch wie sollte ich ihm vertrauen, der ja sein Geschäft machen wollte.

»Liefern Sie auch?«, fragte ich.

Er reichte mir die Visitenkarte des Paradieses, eine Festnetznummer und drei Handynummern deuteten an, dass es rege Nachfrage gibt.

»Ich liefere«, versicherte er mir.

Ich hatte eine überschaubare Menge, kam ohne Lieferung aus und verpackte etwas Bier in meiner Umhängetasche. Am Ortsausgang stoppte ich ein Auto mit drei jungen Männern. Ich achtete darauf, dass das Bier beim Einsteigen nicht aus der Tasche flog, dass ich mich nicht als schäbiger Alkoholtourist unbeliebt machte, und bedankte mich für das Mitnehmen.

»Arbeitet ihr hier oben?«

Der Beifahrer verneinte. Alle drei Palästinenser schwiegen, ich fand das unangenehm und machte aus Verlegenheit mit dem Ratespiel weiter.

»Also einfach die Aussicht anschauen?«

Man konnte von hier oben bei gutem Wetter bis nach Tel Aviv sehen. Aber heute war kein gutes Wetter. Sie schwiegen. Der Fahrer schien es sich anders zu überlegen, bückte sich zur Fußmatte des Beifahrers, hob eine Flasche auf und erklärte sich. »Ich kauf' hier immer meinen Imperial-Wodka.«

Der Beifahrer zeigte daraufhin seine Dose Starkbier. Sie rechtfertigten sich, als hätten sie gerade eine Bank ausgeraubt. Sie würden nur zu Hause trinken, nicht in der Öffentlichkeit, nicht vor anderen. Von mir hatten sie nichts zu befürchten.

Ich schaltete die Klimaanlage im Hotelzimmer auf 30 Grad, wärmte mein Zimmer so auf gute 15 Grad. Mehr schaffte die Anlage nicht, die Fenster und Türen waren undicht. Draußen regnete es und ich flüchtete in ein Hamam der Altstadt. Der Mitarbeiter am Eingang reichte mir ein Badetuch, ein Leinentuch, eine Bürste und ein Stück Seife. Es folgte ein saalgroßer Raum. In einer Ecke Kühlschränke mit großen Wasserflaschen, in einer anderen ein Berg Orangen, daneben die Saftpresse und Wasserpfeifen.

Durch das Café erreichte ich den zweiten Raum, an den Wänden Kleiderhaken, seitlich zwei Liegen für Massagen. Ich band mir das Leinentuch um die Hüfte, trat durch einen kurzen Tunnel in den dritten Raum. Männer lagen auf den heißen Steinen am Boden, hinter Vorhängen gab es Becken mit heißem Wasser und einem darin schwimmenden Becher, um sich Wasser zum Waschen zu schöpfen. Als ich das letzte Mal in diesem Bad gewesen war, riss ein Mitarbeiter den Vorhang auf und wies mich darauf hin, dass ich nicht nackt sein dürfte. Seither wusste ich, dass der Vorhang eigentlich nur Schmuck ist, weil es in Palästina selbst hinter dem Sichtschutz im Hamam keine Privatsphäre gab.

Ein Hamam ist wie ein wohl temperiertes Café und somit ein Gesprächsraum. So lernte ich Osama kennen. Im Saunaraum des türkischen Bades saß er mir mit einem Freund gegenüber. Jeden Monat besuchten sie einmal zusammen das Hamam. Osama arbeitet in einer Firma, in der Pfefferminze und andere Pflanzen für den Export gezüchtet und verpackt werden. Die Pakete gehen über die Flughäfen in Tel Aviv und Amman in alle Welt. Osama arbeitet acht Stunden am Tag, sechs Tage die Woche. 60 Schekel bekommt er am Ende eines Tages. Für den Eintritt ins Hamam musste er über einen halben Tag lang arbeiten, rechnete ich aus, während er erzählte. Oft werden aber aus acht Stunden 13 oder 14 Stunden. Jede Stunde bedeutet mehr Geld und er beschwerte sich nicht.

Sein Freund, der für die Firma die Transporter fährt, zeigte in den Nachbarraum, und wir zogen gemeinsam ins Dampfbad um. Wir sprachen über das andere Hamam der Altstadt. Osama ging dort nicht mehr hin, wegen der Massage. »Das ist nicht massieren, das ist töten«, sagte er. Ich stimmte ihm zu. Ich hatte meine erste Hamam-Massage dort erlebt. »Massage?«, hatte mich damals ein junger Mitarbeiter strahlend gefragt. Ich stimmte zu, da ich der einzige Kunde im Hamam war und ihn nicht kränken wollte. Er rieb mich mit einem rauhen Schwamm ab, es schmerzte und ich war froh, es überstanden zu haben. Ich legte mich auf eine Liege, und als ich die Augen öffnete, stand ein älterer Herr vor mir. Er war der eigentliche Masseur und fragte: »Massage?«

Sein Sohn hatte nur die Aufwärmung übernommen, damit sich Muskeln und Fett auf das vorbereiten konnten, was folgte. Ich nickte dem älteren Herrn schicksalsergeben zu. Er knetete mich durch von Kopf bis Zehen und ich schwitzte. Am Ende verlor ich in dem warmen Raum, kurz nachdem ich von der Massageliege aufstand, das Bewusstsein. Die Räume waren dort, wenn auch kleiner, noch mehr eine Altstadthöhle und etwas Besonderes. Ein offenes Feuer heizte den Raum ein, in einer Nische hinter einer Wand konnte man heiß baden.

Aus dem Saunaraum hörte ich eine Gruppe singender und klatschender junger Männer. Osama lachte. Ein Hamam ist nicht nur ein Café, sondern auch ein kleines Volksfest. Andere warteten vor dem Eingang des Raumes. Der Regen und das kalte Wetter trieben Dutzende Männer in das Hamam, und es war Zeit, anderen Platz zu machen. Im Umkleideraum entdeckte ich in einer Ecke den alten Mann. Ich hatte ihn vor einer Stunde gesehen, mit einem umwickelten Badetuch ging er gestützt auf einem Stock zu den Becken mit den Bechern.

Im Umkleideraum half ihm ein sicher fünfzig Jahre jüngerer Besucher, die Jacke anzuziehen. Er legte ihm das Tuch zurecht, das sich der alte Mann um den Kopf band, überreichte ihm das lederne

Band, um das Tuch auf dem Kopf zu fixieren. Er kam am Stock an mir vorbei, blieb kurz vor mir stehen.

»Salam aleikum!«, sagte er.

»Wa-aleikum as-salam«, der Friede sei auch mit dir.

»Naiman!«, Wohlergehen!, ergänzte er – eine Höflichkeitsformel. Der alte Mann sagte mir damit frei interpretiert, dass ich gut und frisch aussah nach dem türkischen Bad und dass er mir alles Gute wünschte. Ich hatte die richtige Antwort darauf vergessen. Er stand noch vor mir, erwartete sie offenbar.

»Schukran«, danke, sagte ich. Machte eine Pause und wünschte einen schönen Abend.

Er nickte sehr langsam, so wie alte Menschen nicken, die schon viele wie mich gesehen haben, und ging durch das Wasserpfeifen-Café hinaus in den Regen.

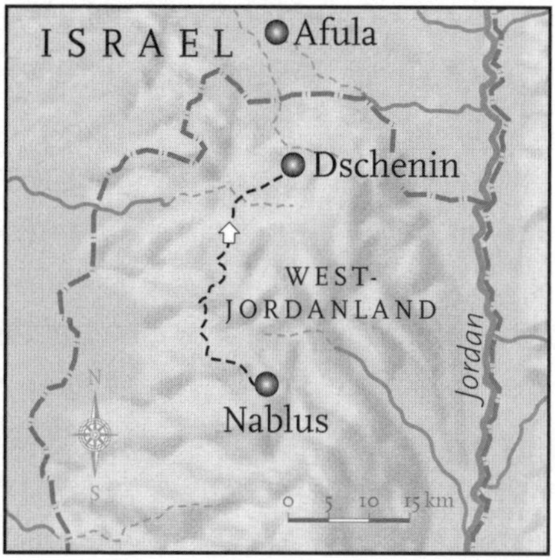

BEI JAMES BOND

Im Hotel regnete es durch das Dach, Pfützen bildeten sich auf dem Flur. Mein Zimmer blieb trocken. Ich schlief schnell ein, hatte keine Sorgen vor dem nächsten Tag, an dem ich weiter in den Norden, nach Dschenin, wollte. Hatte keine Angst vor der Straße, keinen Kummer, wie ich durch den Regen wandern oder per Anhalter vorwärts kommen sollte. Für meine Sorglosigkeit gab es einen guten Grund. Der Polizist in Zivil, der mich mit seinem Auto nach Nablus mitgenommen hatte, der mit dem Saft und den Schoko-Croissants, hatte mich angerufen – bevor ich das türkische Bad aufsuchte.

Ich hatte ihm auf unserer Fahrt vorbei an den Siedlungen erzählt, dass ich später weiter in den Norden möchte. Wie fast immer überreichte ich am Ende der Fahrt meine Handynummer. Er hatte sich an unser Gespräch erinnert, rief mich an und fragte, ob ich mit ihm nach Dschenin fahren möchte. Er würde sowieso durch Nablus fahren. Ich stimmte ohne nachzudenken zu. Zu Fuß war ich in Nablus genug unterwegs gewesen, der ganze Norden wartete noch auf meine Schuhe, das reichte. Und: Ich wollte zwischen Nablus und Dschenin nicht mehr für einen Siedler gehalten werden.

Der Polizist holte mich an einer Tankstelle ab, auf die Minute pünktlich. Ein Kollege von ihm saß im Auto. Die Berufsbezeichnung Polizist stimmte nicht ganz, wie ich nun erfahren sollte. Wir sprachen mit Händen und Füßen, mein Arabisch entsprach ihrem Englisch, und das machte die Fahrt sehr amüsant für uns drei. Sie arbeiteten für den Geheimdienst. Ich wusste, dass es in Palästina eine ganze Reihe solcher Dienste gab. Und ich wollte nicht mehr fragen. Noch nicht. Außerdem war ich mir nicht sicher, ob sie sich einfach nur einen Spaß mit mir, dem Fremden, erlaubten.

Wir fuhren in ein Tal, vorbei an einem alten Freizeitpark, ein ausgedientes Passagierflugzeug wartete dort neben einem rostigen Riesenrad auf bessere Zeiten. Die mit Bäumen bewachsenen Felsen endeten in einem kleinen Bach. »Die Straße führt nach Jericho«, sagte mein Geheimdienstmitarbeiter. Vorbei an Olivenbäumen zeigte er auf die weiße Fassade einer Schule der UN mit blauen Türen und blauen Fensterrahmen. Mein Fahrer zeigte auf die Wohnhäuser des Flüchtlingslagers. »Sie flohen 1948 aus Akko und Haifa hierher.«

In Tubas hielten wir vor einer Polizeistation, vor einem halben Dutzend Geländewagen mit Blaulicht. Langsam fing ich an, meinem Fahrer zu glauben. Wir saßen nun zu viert im Wagen. Mein Fahrer stellte uns gegenseitig vor, wir verließen Tubas und die 588, die auf meiner Karte nach Dschenin führt, zu meinem eigentlichen Ziel des Tages. Wir kamen auf schmalen Straßen an kleinen Dörfern vorbei. Ich stellte keine Fragen, musste mich auf das einlassen, was mein Fahrer vorhatte, ihm vertrauen. Er sah dem Vater meines besten Freundes sehr ähnlich, und das beruhigte mich, wenn es auch ein naiver Trost war.

Wir bogen in eine Einfahrt ab, die auf dem Parkplatz einer kleinen Villa endete, umgeben von Olivenbäumen. »Wir essen bei mir, und später bringe ich dich nach Dschenin«, erklärte mein Fahrer.

Wir saßen im Wohnzimmer auf Sesseln im Kreis. Drei andere Männer warteten bereits auf uns. Einer von ihnen sprach sehr gut Englisch, und ich setzte mich zu ihm. Mein Fahrer stellte uns gegenseitig vor, sie arbeiteten in unterschiedlichen Abteilungen, für verschiedene Dienste, manche kannten sich nur vom Telefon, andere noch gar nicht.

Ein Junge aus der Familie pumpte Kaffee aus einer Kanne, die ihm bis zur Brust reichte, in kleine Tassen und überreichte sie uns. Der Englischsprechende neben mir übersetzte für die anderen Geheimdienstler, was ich eigentlich in Palästina mache und wie ich in das Auto seines Kollegen kam. Sie amüsierten sich, sprachen über mich. Nicht alles übersetzte mir mein Nachbar. Seine Erklärungen waren oft nur wenige Sätze, während andere eine halbe Minute über mich und mein Vorhaben sprachen. Doch was sollte ich erwarten, vom Geheimdienst.

Im Wohnzimmer hingen Urkunden, die letzte Zweifel beseitigten. Sie waren ausgestellt auf den Namen meines Gastgebers. Eine war vom »Federal Bureau of Investigation, USA«. Das FBI-Zertifikat attestierte ihm, an einem Training für »Interviewtechniken« erfolgreich teilgenommen zu haben. Ich fragte mich, ob es sich dabei eventuell um einen Euphemismus handelte. Zumindest luden manche Schlagzeilen dazu ein, das Wort »Interviewtechnik« verschiedenartig auszulegen. Auf einem Kugelschreiber, den ich bekam, als ich mir eine Notiz machen wollte, stand »FBI Academy«. »Ein Andenken«, erklärte mein Gastgeber.

Zwei Männer betraten den Raum, alle standen auf. Der eine trug einen langen, grauen Mantel über dem schwarzen Hemd, sah aus wie James Bond zu einer Zeit, als er in den Filmen noch kein Action-Star sein musste. Der andere Mann neben ihm war auch elegant gekleidet, sah gut aus, war aber nicht so charmant wie James Bond. »Geheimdienst?«, fragte ich meinen Nachbarn. Er antwortete so leise, dass ich ihn kaum verstehen konnte. »Wir arbeiten in

Palästina. Die zwei arbeiten außerhalb von Palästina.« Also doch James Bond, dachte ich. »Wie kommen sie raus?«, fragte ich. Mein Nachbar lächelte mich an, wie man ein kleines Kind anlächelt, das mal an der Wasserpfeife des Großvaters ziehen möchte. Ich fragte nicht weiter.

Sie unterhielten sich über die Arabische Revolution. Für meinen Nachbarn war es keine richtige Revolution, für James Bond schon. Sie sprachen über den Einfluss der arabischen Medien. »Al-Dschasira sagt nur das, was die USA wollen!« Da waren mein Nachbar und James Bond einer Meinung. Ihnen fehlte eine international anerkannte Stimme, mit der »richtigen Zunge«. Und »richtig« bedeutete für sie eine Zunge, die über die Dinge aus palästinensischer Sicht berichtet.

Ich hörte Fahrzeuge, die in die Einfahrt abbogen. Weitere Männer traten ein. Mein Gastgeber holte Plastikstühle und verteilte sie im Raum. Sein Sohn schritt mit einer weiteren Runde Kaffee den Kreis ab. Ich sah durch eine milchig verglaste Tür Umrisse von Personen im Nachbarraum, hörte Geschirr, ein Mädchen rief etwas. Jemand klopfte an die Tür. Unser Gastgeber stand auf und sagte »Ahlan wa-Sahlan«, herzlich willkommen.

James Bond und sein Kollege saßen am Nachbartisch, ich neben meinem Gastgeber und dem Englischsprechenden. Vor uns lagen tischbreite Platten mit einem Nationalgericht: Imsachan. Hühnchenschenkel mit Curry gewürzt, auf Zwiebelbett und Fladenbrot. Jeder hatte eine Schüssel Joghurt und eine Schüssel Tomaten-Gurken-Salat vor sich. Gläser mit Cola, Sprite und Orangensaft verteilte ein Junge im Raum. Die letzten, die aufhörten zu essen, sich die Hände wuschen und zu den anderen ins Wohnzimmer gingen, waren mein Gastgeber und ich. Ich hatte so viel gegessen, als wäre es meine letzte Mahlzeit vor einem geheimen Auftrag in ferner Fremde.

Der Englischsprechende erzählte mir von der Jagd, seinem Hobby. Der Partner von James Bond rollte neben dem Sessel einen

Teppich aus und erkundigte sich nach der Richtung von Mekka. Jagen war die Leidenschaft des Englischsprechenden. Er zog entweder am frühen Morgen, vier, fünf Uhr los oder abends. Das hing davon ab, was er jagen wollte. Über die Richtung von Mekka war man sich nicht einig, jemand schaute auf seinem Handy nach. Das Beste aber, versicherte mir mein Nachbar, ist ein guter Rotwein zum selbst erlegten Wild. Er sagte es in einer Lautstärke, die nur für mich bestimmt war.

Man einigte sich auf eine Richtung für Mekka, und der Partner von James Bond betete. Der Englischsprechende berichtete von einem Wildschwein, das er einmal erlegt hatte. Aber er ist Muslim, probierte zwar Schweinefleisch bei Freunden, die Christen sind, aber konnte unmöglich ein ganzes Wildschwein essen und verschenkte es. Der Partner von James Bond beendete das Gebet. Der Englischsprechende hörte mit seinen geflüsterten Ausführungen über das Jagen auf.

Jemand klopfte an das milchige Glas der Tür, der Gastgeber stand auf und kam mit einem Tablett voller Bananen, Orangen und Äpfeln zurück. Die Gruppe der Geheimdienstler vermischte sich, einige rauchten Wasserpfeife, andere Zigaretten. Eine weitere Kafeerunde und es klopfte wieder. Vanillepudding auf Keksboden mit roter Grütze obenauf. Eine weitere Kaffeerunde. Die ersten Gäste verabschiedeten sich. Ein Sturm zog auf und es begann zu regnen.

Auch mein Nachbar, der Jäger, musste gehen. Wir tauschten Nummern aus, irgendwann, das nahmen wir uns vor, wie man sich an solchen Tagen etwas vornimmt, würden wir gemeinsam auf die Jagd gehen und das erlegte Wild abends am Lagerfeuer grillen. Er kenne da eine schöne Stelle auf dem Berg, auf dem sein Dorf liegt. Ich versprach, den Rotwein zu bringen.

Wir saßen noch zu fünft im Wohnzimmer. Das Licht erlosch unvermittelt, auch hinter den milchigen Gläsern der Tür zum Speiseraum. Der stürmische Regen, vermutete ich. Die anderen sprachen im Dunkeln weiter, als wäre der Strom nicht ausgefallen. Mein Gastgeber holte, weiterredend, eine Elektro-Laterne aus einem Nebenraum, stellte sie auf den Tisch vor uns. Dass er Geburtstag hatte an diesem Tag, erfuhr ich erst spät an diesem Abend. Keine Geschenke, keine Lieder, das war nicht üblich bei Erwachsenen, das wusste ich.

Deswegen hatte er vermutlich seine Kollegen eingeladen, vor allem die, mit denen er bei seinem letzten Fall zusammengearbeitet hatte. Mein Nachbar, der Jäger, hatte mir von diesem Fall vor dem Essen erzählen wollen. Eine kurze Bemerkung auf Arabisch, zu uns über den Tisch gerufen von James Bond, reichte aus, und der Jäger hörte mitten im Satz auf. Er zeigte statt dessen das Großvaterlächeln. Es duldete kein Nachfragen.

Wir tranken eine letzte Runde Kaffee, bevor mich mein Gastgeber auf nassen Straßen bis vor die Tür meiner Unterkunft in Dschenin fuhr. Dem Angestellten dort sagte mein Geheimdienstler, er solle gut auf mich aufpassen. Der Mann, der nicht wusste, wer zu ihm sprach, versicherte es. Und er hielt sein Wort.

Aiman ist mehr als der Mitarbeiter des Gästehauses, das zu dem Kino von Dschenin gehört. Er ist auch in einem Restaurant zuständig für die Fleischgerichte. Sein zweiter Job. Und er hat einen dritten: Er ist Schauspieler. 15 Euro am Tag verdient er für seinen ersten Job, den Gästehausjob, und das reicht nicht für die Familie, die er ernähren muss.

Zwischen Gemeinschaftsküche und meinem Achtbettzimmer schaute Aiman von einem Filmplakat ernst auf mich herab, eine tiefe Falte zwischen den Augen. Das Plakat war fertig, der Film noch nicht, erklärte mir Aiman. Die Dreharbeiten in Dschenin hatten aus Sicherheitsgründen unterbrochen werden müssen. Nachdem man den Regisseur und Theatergründer Juliano Mer-Khamis erschossen hatte, waren andere Filmemacher vorsichtig geworden. Die Filmcrew zog ab, Aiman blieb, weil er keinen anderen Ort hatte.

Er spazierte mit mir durch Dschenin, zeigte mir die Innenstadt, die so leer war wie angeblich jeden späten Abend, wenn die Geschäfte geschlossen hatten. Wir aßen in einem kleinen Laden Knäfe und schnitten den heißen, Fäden ziehenden Käse und die mit Zuckersirup vollgesaugte Teigkruste in Stückchen. Im Gästehaus saßen wir hinter der Rezeption nebeneinander, er zeigte mir den Trailer zu seinem Film und erklärte mir die Handlung. Ein konservativer Familienvater will, dass seine Tochter einen einflussreichen Mann heiratet. Sie will nicht, hat eigene Pläne und verzweifelt an ihrem Vater. Eine palästinensische Alltagsgeschichte.

Es war sehr spät geworden, Aiman wartete noch auf zwei Gäste. Zwei Briten, die vor einem geschlossenen Checkpoint standen, nun über einen weit entfernten Übergang einreisen wollten. Aiman zeigte mir auf einer Karte, wie ich am Morgen weiter nach Norden kommen würde, welche Straße mich ans nächste Ziel brächte. Ich wollte zu Fuß weiter, denn ich konnte nicht mehr für einen Siedler gehalten werden. »Um Dschenin gibt es keine Siedlungen«, versicherte mir Aiman.

Die Briten sagten ab, und Aiman verabschiedete sich, schloss die Tür des Gästehauses hinter sich zu. Und ich blieb der einzige Gast dieser Nacht, in der ich nicht einschlafen konnte. Es stürmte noch immer. Ein kräftiges Gewitter zog auf, überfiel die Stadt von einer Minute auf die andere. Blitze sah ich durch beide Fensterfronten der Gemeinschaftsküche, in der ich am Tisch saß und schrieb. Der Sturm blies ein Fenster nahe der Decke auf, ich kletterte auf einen Schrank, um es zu schließen. Suchte eine Taschenlampe für mögliche Stromausfälle. Rollte Heizungen durch das Zimmer, verlegte Kabel und schaltete die Geräte auf die höchste Stufe, solange noch Energie da war. Ich dachte an das Abendessen mit James Bond. Für geheime Missionen war ich nicht geschaffen.

Am nächsten Morgen rief ich bei dem Jäger an, dem Englischsprechenden. Wollte mich verabschieden. Ihn bitten, dass er unseren Gastgeber in meinem Namen anrief und ihm für alles dankte. Der Jäger willigte ein, wollte mich aber noch auf einen Kaffee sehen, und mit gepacktem Rucksack spazierte ich zwanzig Minuten später neben ihm durch Dschenin. Für ihn war es keine große Freude, obwohl es sein Vorschlag gewesen war. Ich bemerkte es und fragte nach. Er erklärte mir, was los war. »Manche von denen hier sind von der Hamas, manche vom Islamischen Dschihad. Ich brachte sie ins Gefängnis. Und manche vergessen nie.«

Seine Dienstwaffen, eine Pistole und eine Maschinenpistole, trug er nicht an seinem freien Tag. Im Café setzte er sich in die Ecke, so dass er den Raum überblickte, und während wir sprachen, scannte er die Gäste. Hinter den Fenstern schauten wir auf Straßen, die so voll mit Menschen waren, dass Autos nur langsam vorankamen. Wir tranken arabischen Kaffee ohne Zucker.

Ich stellte noch einmal die James-Bond-Frage. Und der Großvater war gnädig, sagte noch ein paar Sätze zu den zwei Männern, die im Ausland arbeiteten. Sie beobachteten die Palästinenser außerhalb Palästinas, das Land war ein Land von Flüchtlingen, überall auf der Welt existieren palästinensische Gemeinden. Mehr war nicht zu erfahren. Wir verließen das Café, der Besitzer erwartete uns am Ausgang, schlug kräftig in die Hand des Jägers, Geld wollte er von ihm nicht haben.

Auf dem Weg zu meiner Straße, die mich nach Norden und zurück nach Israel führen sollte, wollte der Jäger mit mir in einen Laden. Er stellte mir eine Verwandte vor. Und kaum sah sie mich, redete sie auf Englisch weiter. Offenbar, damit ich Zeuge ihrer Auseinandersetzungen werden konnte. Sie trafen sich, wie es schien, vor allem, um zu diskutieren. Es wirkte auf mich ein wenig wie Theater, und die Vorstellung des Tages fand exklusiv für den wandernden Zuschauer statt.

»Die Leute hier haben die israelische Besatzung satt, und sie haben die Regierung satt.« Die Verwandte machte eine Pause, schaute den Geheimdienstler an, deutete mit dem Kopf zu ihm.

»Sie haben Leute wie ihn satt!«

»Sie hat recht!«, sagte er schmunzelnd. Sie schmunzelte nicht.

»Keiner macht mehr etwas gegen die Besatzung. Man hat sie akzeptiert. Es regiert der Lohnzettel!«

Und der Lohnzettel entscheidet offenbar auch über ihren Laden, dachte ich mir.

»Vor ein paar Jahren, da kauften die Leute nach ihrem Lohn zwei Wochen ein, gaben Geld aus. Heute sind es nur noch sieben Tage. Dann stehen wir Händler vor der Tür und warten auf Kundschaft.«

Einer ihrer Mitarbeiter stellte uns zwei Becher süßen Kaffee auf die Ladentheke, für den Jäger und für mich.

»Es wird immer schlimmer. Die Leute haben immer mehr Angst davor, etwas gegen die Besatzung zu tun.«

Sie machte eine Pause.

»Hassan Nasrallah hat keine Angst«, sagte sie unvermittelt meinem Gegenüber ins Gesicht. Sie beachtete mich weiterhin nicht, ich war nicht auf ihrer Bühne präsent, saß irgendwo im dunklen Zuschauerraum, zwölfte Reihe, links. Es schien um eine alte Diskussion zwischen beiden zu gehen.

»Ich bin nicht religiös, aber das ist ein starker Mann«, setzte sie hinzu.

Der Jäger schüttelte den Kopf, er war von der Fatah und konnte mit Leuten wie dem Hisbollah-Chef nichts anfangen.

»Er muss weiter!«, sagte der Jäger und meinte mich. Die Sache lief wohl aus dem Ruder. Er zog mich aus dem Theatersaal und begleitete mich noch ein paar Meter auf der Straße. Er war etwas aufgebracht. »Sie kann über Theorien reden, aber ich muss jeden Tag mit der Realität leben. Und die sieht anders aus.«

DER RÜSSEL AM CHECKPOINT

Die 60er Straße führte durch Dschenin in den Norden. Ich wanderte auf einem Gehweg, bis er sich in nasse Erde verwandelte. Wechselte die Straßenseite, bis sich auch dort der Gehweg auflöste. Entgegen der Fahrtrichtung kam ich an Geschäften vorbei, an einer Werkstatt. Die Strecke zum Checkpoint ging außer mir offenbar keiner zu Fuß. Aus der Werkstatt rief mir ein junger Mann zu, winkte mich herbei. In der einen Hand hielt er einen Hochdruckstrahler, die andere reichte er mir.

Er fragte mich aus, oft kam wohl kein Ausländer vorbei. Er warf den Strahler auf die Seite, rannte in die Garage und kam mit einer Kanne süßem Kaffee wieder. Mit dem Becher in der Hand ging ich weiter. In einer Baracke saßen drei Jungs um ein Fass, aus dem eine Flamme schlug. Sie winkten mich herbei, ich wollte weiter und winkte zurück. Ein junger Mann, der auf ein Taxi wartete, wollte mich nicht ohne Gespräch gehen lassen, nicht, bevor er sein Englisch ausprobieren durfte und alle geläufigen Fragen stellte. Nach ihm war es lange ruhig.

Nach einigen Äckern und Feldern war ein Orangenverkäufer an einer Abzweigung mein nächster Gesprächspartner. Wer an ihm vorbeifuhr, der wollte mit großer Sicherheit nach Nazareth weiter, nach Israel. Der hatte ein gelbes Kennzeichen, ein israelisches. Der war somit ein arabischer Israeli, ein palästinensischer Israeli, ein palästinensischer Bürger Israels ... Ich hatte schon alle Formulierungen gehört. Es waren Palästinenser, die in den Kriegen nicht geflüchtet oder vertrieben worden waren, die im neu gegründeten Staat Israel blieben. Für den Orangenhändler waren sie vor allem eines: Kunden, die viel mehr Geld hatten als die Kunden in Palästina.

Am Checkpoint angekommen, wartete ich vor einem verschlossenen Tor. Nichts geschah. Es blieb zu. Autos fuhren durch den Checkpoint, doch der Durchgang für Gehende, die bis hierher mit dem Sammeltaxi gekommen waren, war dicht. Autos fuhren an mir und dem Wachturm vorbei, in die Kontrollanlage hinein. Ich fragte einen Mitarbeiter der Tankstelle, der von den Zapfsäulen aus den Checkpoint überblickte. »Heute kommen nur Autos durch, es ist Samstag.« Samstag hieß Schabbat für die israelische Seite.

Ich wollte mich an die Regeln halten, keine Experimente machen, nicht in die Grenzanlage wandern, Aufsehen erregen mit meinem Rucksack, der in den Augen eines Kontrolleurs alles sein könnte. Die jungen Leute in schwarzen Uniformen mit vorgehaltenen Maschinenpistolen luden sowieso zu keinen Experimenten ein. Der Checkpoint sah nicht so aus wie die anderen Checkpoints, die ich bisher auf meiner Reise gesehen hatte. Er bestand aus mehreren Anlagen und Stationen.

Ich brauchte ein Fahrzeug, wenn auch nur für die paar Meter, um auf dic andere Seite zu kommen. Ich fragte einen alten Mann, der sein Auto auftanken ließ. Er schüttelte den Kopf. Der Tankstellen-Mitarbeiter redete ihm gut zu. Er schüttelte weiter. Ich verstand ihn.

Einen Fremden in die Kontrollanlage mitzunehmen setzte Vertrauen voraus. Was, wenn der Fremde Probleme macht, wenn er etwas dabeihat, das man nicht dabeihaben darf. Ich versuchte es bei drei jungen Männern. Sie überlegten. Wollten meinen Ausweis sehen, sicher sein, dass ich keiner von ihnen war, so komisch das war. Aber mit westlichen Pässen hat man selten Probleme.

Der erste am Checkpoint trug eine gelbe Weste, winkte uns durch und zeigte, in welche Schlange sich unser Auto einordnen sollte. Eine junge Grenzpolizistin sammelte unsere Pässe ein und fragte die drei Männer, was ich in deren Auto mache.

»Bezahlt er Geld für die Fahrt?«

»Nein. Er ist ein Freund.«

Sie verschwand mit den Pässen, und mein Fahrer drehte sich um, stellte sich mit seinem Namen vor, sagte, woher er komme, und erklärte, dass wir nun offiziell Freunde seien. Ich hatte nichts dagegen. Ich versuchte, seine Daten abzuspeichern, im Falle weiterer Fragen.

Die junge Frau kam zurück, ohne Fragen. Sie schrieb etwas auf einen Zettel und klemmte ihn unter die Wischblätter an der Frontscheibe. Eine andere Grenzpolizistin erklärte uns, was wir zu tun hatten. Wir stiegen aus. Einer ihrer Kollegen führte einen Schlauch durch einen Spalt der Scheibe und tastete damit das Innere des Autos ab. Er entnahm Proben, vermutlich für Sprengstoff.

Wir mussten in einen Raum, den ich bereits von anderen Orten der Reise gut kannte. Nach der Gepäckkontrolle und dem Metalldetektor drückte mir ein Mitarbeiter des Checkpoints unsere Pässe in die Hand. Ich verteilte sie, und wir warteten hinter dem Ausgang, standen neben zwanzig anderen Wartenden, neben Kindern und Erwachsenen, schauten dem Sprengstoff-Rüssel bei der Arbeit zu.

Eine weitere Schranke später waren wir durch. Der Fahrer drehte die Musik so weit auf, dass die Boxen den Klang verzerrten. Eine Art des Protests, wie ich vermutete, die Musik war auf Arabisch. Sie musste bis zum ersten Mitarbeiter des Kontrollpunktes, dem mit der gelben Weste, zu hören gewesen sein.

»Ist das immer so?«, schrie ich meinen Fahrer an und meinte die Kontrollen.

»Fast immer«, rief er.

»Was habt ihr in Dschenin gemacht?« Ich wollte herausfinden, wieso man sich diese Kontrolle freiwillig antut.

»Einkaufen. Ist dort viel billiger als bei uns.«

Der neben mir zeigte auf ein verpacktes Autoradio.

»Kostet in Dschenin 400 Schekel, bei uns 800.«

Die Fahrt hatte sich für die Jungs offenbar gelohnt, für mich auch. Ich war auf der anderen Seite des Checkpoints. Sie fuhren mich bis zu einer Kreuzung, die Richtung Osten nach Afula und Nazareth führt. Noch 17 Kilometer bis Nazareth, erklärte mir ein Schild. Es war schon früher Abend, und mit schwerem Rucksack hieße das vier Stunden, ohne Pausen. Ich wollte irgendwo ankommen, ein Zimmer haben, die Tür hinter mir zuschließen und streckte die Hand aus.

Das israelische Paar, das mich mitnahm, teilte sich die Arbeit. Er hatte das Steuer in der Hand, sie streichelte das Fell ihres zwei Monate alten Hundes, der auf ihrem Schoß lag. »Eine Mischung aus einem deutschen Schäferhund und etwas, bei dem man nicht sicher ist«, erklärte sie mir. Das Paar hatte gehalten, mir zuliebe Tüten voller Bücher auf den Rücksitzen beiseite geräumt und so Platz geschaffen für einen fremden Mitfahrer samt Gepäck.

Er fragte mich, von woher ich kam, welche Stadt ich zuletzt besucht hatte. Ich wollte ehrlich sein. »Von der anderen Seite«, sagte ich. »Dschenin?«, fragte er, und ich war überrascht, denn es lagen noch einige andere Orte dort. Ich berichtete ihm von der Reise, dass ich sowohl mit Palästinensern als auch mit Israelis unterwegs bin. »Das ist gut, wenn du beide Seiten siehst«, meinte er. Sie fragte mich, wie es dort war, und ich, der aus der Ferne kam, erzählte es ihr, die dort nie war, in Dschenin, auf der anderen Seite, ein paar Kilometer von ihrem Zuhause entfernt.

Sie erinnerte sich an ihre letzte Deutschlandreise im Winter, zum Skifahren. »Das Schweinefleisch ist dort besser als bei uns«, sagte sie mir. Ich fragte nach. »Wir sind nicht religiös. Wir kaufen manchmal Schweinefleisch bei russischen Juden oder beim christlich-arabischen Händler.« Ich dachte an den Wildschwein jagenden, Rotwein trinkenden, muslimischen Geheimdienstmitarbeiter auf der anderen Seite. Sie hätten sich etwas zu erzählen.

In Nazareth wollte ich übernachten. Die Unterkunft lag in der Altstadt, am Ende des überdachten Basars. Zwei Pilgergruppen kamen mir entgegen. Sie erinnerten mich an meine Zeit in Jerusalem und ich wusste, ich würde nicht lange bleiben. Ich hielt einen Prospekt über den »Jesus Trail« in den Händen. Der Pfad führt von Nazareth zum See Genezareth. Ein Veranstalter warb in einer Anzeige mit einem Slogan für seine Dienste: »Jesus nahm keinen Bus. Wieso solltest du?« Zwei Zeilen später bot die Agentur einen bequemen »Gepäcktransfer« von Station zu Station für Wanderer an.

In den Läden rund um die Basilika lagerte kistenweise Pilgerware – das Sortiment entsprach dem in Jerusalem. Eines dieser Geschäfte suchte ich am nächsten Morgen dennoch auf, nicht um einzukaufen, sondern um zu kondolieren. Ich schüttelte Taha Muhammad Alis Sohn die Hand. Das mit seinem Vater tat mir sehr leid. Der alte Dichter aus Nazareth war vor einigen Monaten gestorben.

»Vor zwei Jahren hat er aufgehört zu lesen und zu schreiben, da wussten wir, er wird nicht mehr lange leben.« Sein Sohn reichte mir einen kleinen Plastikbecher mit süßem Kaffee. Ein Kunde betrachtete das Kreuzsortiment am Eingang. »Früher las er täglich acht Stunden die Werke anderer, übersetzte sie, davor und danach schrieb er an eigenen Texten.«

Als ich den Dichter von Nazareth vor einigen Jahren besucht hatte, waren wir in diesem Laden vor den Regalen gesessen. Ich wusste zuwenig über ihn, um die Fragen zu stellen, über die er sprechen wollte. Ich suchte damals nach Zeitzeugen und ihren Erlebnissen. Und er antwortete mit seinen Gedichten. Die Übersetzerin, die mir half, war Palästinenserin. Sie schwärmte von ihm und seinen Versen. Er erkannte die Kundige in ihr und reimte für sie. Ich bewunderte sprachlos ihren Dialog, dem ich nicht folgen konnte, weil mir längst nicht mehr übersetzt wurde, was er sagte. Ich spielte in ihrem vertrauten Gespräch keine Rolle mehr.

Dem Sohn erzählte ich von meiner Reise. Ich bemerkte, dass Israelis und Palästinenser nicht so wie ich reisen, sich nicht so begegnen, so sehen könnten. »Manches«, sagte er mir, »wollen die Leute auch nicht sehen.« Er erzählte von Israelis, die Olivenbäume in Palästina pflanzten, nachdem die Bäume von israelischen Soldaten zerstört worden waren. »Solche Israelis gibt es auch, werden aber von Palästinensern nicht wahrgenommen«, sagte er mir. »Sie existierten wie in einem Schatten.« Es klang wie eine Zeile aus einem Gedicht seines Vaters.

Mein Weg weiter nach Norden war asphaltiert, der »Jesus Trail« wäre es nicht gewesen. Aber die Gefahr, kaum Einheimischen, sondern Pilgern und anderen Ausländern wie mir zu begegnen, war zu groß. Und ich würde Tage brauchen, nur um bis zum See Genezareth zu kommen, wo womöglich weitere Pilger mich empfingen. Ich wollte ganz in den Norden, auf die Golanhöhen, zur libanesischen und syrischen Grenze, und dazu musste ich per Anhalter weiter.

Der erste, der hielt, war ein arabischer Israeli, den ich nicht fragte, ob er sich so oder Palästinenser nennen würde. Ich wünschte mir eine ruhige Fahrt, ein wenig Erholung, ohne Politik. Keine zehn Minuten später war klar, dass mein Wunsch nicht in Erfüllung gehen würde. Ein Bekannter von ihm wartete an einer Bushaltestelle. Sie freuten sich über den Zufall ihres Treffens, und er stieg zu uns ein. Der Mitfahrer trug eine blaue Polizistenuniform.

Er begann von seiner Identität zu erzählen, und das war offenbar das Thema seines Lebens. Die Verwirrung mit sich selbst, die entsteht, wenn man als Araber in Israel lebt. »Ich bin Israeli. Ich lebe hier, ich arbeite hier, also bin ich Israeli. Ich bin kein Palästinenser.« Ich lehnte mich vom Beifahrersitz zu ihm nach hinten, er hielt meinen Arm fest, ganz leicht, als müssten wir über ein Telefonkabel miteinander verbunden sein, damit ich ihn hören konnte.

»Ich finde nicht alles gut, was Israel macht, aber ich finde auch nicht alles gut, was die Palästinenser machen«, sagte der Polizist. Ich drehte mich wieder nach vorne, schaute durch das Fenster, wollte aufhören, zuzuhören, wollte nicht diskutieren, keine Fragen stellen. Im Fensterrahmen auf meiner Seite hing ein Schraubenzieher zwischen Rahmung und Fenster und fixierte offenbar das Glas. Die Gangschaltung war nur noch ein dünnes Metallstück ohne Griff. Links vom Radio klaffte ein Loch im Armaturenbrett. Das Symbol auf dem Lenkrad deutete darauf hin, dass das Auto einmal ein VW gewesen war, vor langer Zeit, bevor es aus verschiedenen Ersatzteilen zu dem wurde, was es heute ist.

Der Polizist erzählte weiter, der Fahrer und ich schwiegen. Als Israeli wollte er damals zur Armee gehen. Er musste als Araber nicht dienen, so wie jüdische Israelis es mussten, meldete sich aber freiwillig. »Das hat vielen aus meinem Dorf nicht gefallen.« Und in der israelischen Armee hatte man ihn nicht so akzeptiert, wie man jüdische Israelis akzeptiert hatte. Kameraden begegneten ihm skeptisch. Zerrissen von beiden Seiten, aber überzeugt, zu beiden Seiten zu gehören, so musste er sich gefühlt haben. Immerhin, dachte ich, vielleicht besser, als nicht zu wissen, wohin man gehörte.

Auf der Straße nach Kiryat Schmona, an einer Abzweigung, die in sein Dorf führte, trennten wir uns. Ich stand unter einer gelben Lichtkugel am Straßenrand, und der See Genezareth war trotz Dunkelheit zu erkennen. Eine riesige, lichtlose, schwarze Fläche, umrundet von dem Glitzern der Orte an seinem Ufer.

VON KÜHEN UND KIFFERN

Am schönsten fand ich den See Genezareth immer aus der Ferne betrachtet. Ich musste ihn auf dieser Reise nicht besuchen, ihn nicht mit dem Boot überqueren, konnte so die überteuerten Hotels vermeiden. Doch auch aus der Ferne sah ich nicht das, was der See heute eigentlich ist: der größte Süßwasserspeicher des Landes. Wasser fließt von diesem See im Norden bis zur Negev-Wüste im Süden.

Ein junger Ethnologe hielt an und brachte mich auf andere Gedanken. Er wollte zu seiner Exfreundin fahren, seiner großen Liebe aus alten Tagen. Sie forderte eine neue Chance, er wollte nur einen Abend und eine Nacht bei ihr sein, um zu sehen, was er für sie noch empfand. Ich bezweifelte, ob die Nacht zur Klärung langfristiger Beziehungsfragen beitragen würde. Er gab mir recht, wollte aber nicht mehr Zeit dafür investieren. Wir sprachen nicht weiter darüber, denn ein toter Hund lag auf der Überholspur, und so kam es zum Themenwechsel. Ich fragte ihn, wieso so viele Hunde in Israel ohne menschlichen Besitzer leben. Er hatte dafür eine Erklärung. »Junge Paare kaufen sich einen kleinen Hund. Als Test. Und wenn das klappt, dann sprechen sie über den eigenen Nachwuchs.«

Ich dachte an mein Paar, das mich nach Nazareth gefahren hatte, mit dem Welpen auf dem Schoß. Der Ethnologe lehnte sich zurück, mit eingeknicktem Bein, den linken Fuß auf seinem Sitz, und erzählte weiter. »Ein Problem wird es erst, wenn der eigene Nachwuchs da ist.« Er stellte mir die Frage, die sich eine ganze Generation von israelischen Paaren seiner Meinung nach stellen würde: »Wohin mit dem Köter?«

Mein Ethnologe war in einem kleinen Dorf in Israel auf die Welt gekommen, es hatte in seiner ländlichen Region von wilden Hunden gewimmelt. Er erinnerte sich nicht gerne an diese Zeit. Mehr als einmal war er auf dem Weg nach Hause gebissen worden. Das hätte er mir nicht erzählen müssen und ich versuchte, das Positive der Geschichte zu sehen: Die Hunderte freien Hunde des Landes, die mir bisher schon begegnet waren, sie zeugten in Wahrheit von erfolgreichen Beziehungen, von geglückten Nachwuchsplänen, von strahlenden Kindern.

Die letzten Meter zu meiner Unterkunft im Norden, ein paar Kilometer von der libanesischen Grenze entfernt, legte ich zu Fuß zurück. Dunkle Felder links und rechts des Weges, über mir der Sternenhimmel. Die Straße war unbeleuchtet. Ich dachte nicht an strahlende Kinder, sondern an beißende Wildhunde und suchte am Straßenrand nach einem faustgroßen Stein. Ich trug ihn vor mir her, ein Auto kam auf mich zu, fuhr langsamer, blendete auf und beschleunigte abrupt. Ich, der fremde Mann am dunklen Wegrand, mit dem großen Stein in der Hand, war die einzige Gefahr auf dieser Straße.

Das kleine Schild, das mich zu meiner Zimmernummer führte,

zeigte mit einem Pfeil an, wo sich der Bunker befand. Zwei Etagen unter meinem Zimmer lag angeblich der Eingang. Ich sah die Bunker-Beschilderungen auch in anderen Unterkünften. Im Norden nahe der libanesischen Grenze hatten Bunker aber eine andere Bedeutung. Bei bisherigen Krisen und Kriegen mit der Hisbollah landeten die meisten Raketen aus dem Libanon im grenznahen Gebiet.

Ich wollte dem Libanon, nicht der Hisbollah näher kommen. Bei blauem Himmel und wärmender Sonne wanderte ich am nächsten Tag den Straßenrand weiter Richtung Norden. Vorbei an dichtem Grün, bei dem ich ahnungsloser Laie lediglich Bäume, Sträucher und Gräser voneinander unterscheiden könnte, so dicht bewachsen, dass ich mich nach wenigen Metern darin verlaufen hätte. Ich blieb auf dem Asphalt.

Metula erreichte ich mit Hilfe eines jungen israelischen Fahrers. Kaum hatte er von meiner Reise erfahren, wollte er von mir wissen, wie es »in Palästina« gewesen war. Er war der erste Israeli auf dieser Reise, der »Palästina« sagte. Ich berichtete ihm und ich erfuhr, dass er einmal in Ramallah als Soldat gedient hatte. Das war das einzige, was er von der anderen Seite sah. Und: »Das war gefährlich.« Mehr wollte er mir nicht sagen.

Der Ort Metula an der Grenze zum Libanon war trotz Sonnenschein ein wenig unheimlich. Alle Bewohner schienen zu arbeiten oder in ihren Häusern zu verweilen. Die Hotels wirkten ungenutzt. Ich stand alleine an der Bar eines Cafés und trank lauwarmen Espresso. Ich blickte auf leere Stühle und fragte die Kellnerin, wann die Hauptreisesaison sei. »Die Gäste kommen im Winter und im Sommer.« Ich nickte und ich fragte nicht weiter, wanderte alleine durch den Ort, schaute alleine über den Grenzzaun in den Libanon.

Ich sah die Häuser libanesischer Dörfer, dunkler Rauch stieg hinter einem Hügel auf, Lastwagen fuhren eine Straße entlang, luden Gestein auf. Ich war der einzige Kunde im Supermarkt und sprach mit dem Besitzer, ein blonder Lockenkopf, über das Leben in Metula. »Wir sind in Metula wie in einer großen Familie«, sagte er. Das Schicksal wollte es so, dass in diesem Augenblick die Tür aufging, ein alter Herr den Laden betrat, mich freundlich grüßte, eine 1,5-Liter-Flasche Rotwein aus dem Regal holte und den Merlot neben die Kasse stellte. Der Lockenkopf erklärte mir: »Das ist mein Vater.«

Ich verließ den Laden und war wieder alleine. Alleine. Alleine. Alleine mit den Hunden. Einer lag am Straßenrand, die Schnauze auf dem Bordstein abgelegt. Andere strichen durch die Gärten, schnupperten vor sich hin. Metula-Hunde waren anders als alle anderen wilden, israelischen und palästinensischen Hunde, die mir bisher begegnet waren. Sie sahen gut genährt aus, lagen faul herum und hatten ein dickes Fell.

Einer der Hunde erkannte meine Einsamkeit und folgte mir vom Supermarkt an der Grenze zum Libanon bis zum Ortsausgang. Er wechselte mit mir die Straßenseiten, bog in andere Wege ab, und wenn ich stehen blieb und mir die Beschilderungen an alten Häusern anschaute, so blieb auch er stehen. Von der Besiedlung durch Baron Rothschild Ende des 19. Jahrhunderts las ich dort auf einer Tafel.

Ich wollte weiter zum höchsten Berg des Landes, dem Hermon, ich hatte ihn am Vorabend bereits näher kennengelernt. Er begegnete mir auf einer Rotweinflasche mit der Aufschrift »Yarden Mount Hermon«, eine Kombination aus den Rebsorten Cabernet Sauvignon, Merlot und Cabernet Franc. Ein kräftiger Berg musste es sein. Aber auch ein umstrittener. Israel hatte die Golanhöhen nach dem Sechs-Tage-Krieg annektiert, Syrien möchte das Land seither zurück. Somit hatte der Wein einen bitteren Beigeschmack.

Von Metula Richtung Süden zu kommen war nicht einfach. Dafür konnten der Lockenkopf und die Metula-Familie nichts, es war reine Statistik. An einer vielbefahrenen dreispurigen Straße in Tel Aviv waren pro Minute bis zu hundert Autos an mir vorbeigerast. Hier war es alle paar Minuten nur ein Fahrzeug, das den kleinen Ort runterrollte. Die Sonne brannte, ich wollte mich nicht hinter einer Mütze und Sonnenbrille verstecken, sondern vertrauenerweckend auf potentielle Fahrer warten.

Zwei Architekturstudentinnen brachten mich dem Hermon einige Kilometer näher. Und zwei junge Israelis, die sich beide in ihren Autositzen rekelten. Das sah entspannt aus, und ich fragte sie, was sie auf den Golanhöhen machten, ob sie hier lebten, wieso sie unterwegs seien.

»Haschisch«, lautete die kurze Antwort des Fahrers.

»Wieso hier?«, fragte ich nach.

»Weil es hier billiger ist. Das Haschisch kommt aus dem Libanon.«

»Mein Dealer in Jerusalem hat immer mehr Probleme mit der Polizei und es wird teurer«, sagte der Beifahrer.

Am Rand der Straße warnten gelbe Schilder mit einem roten Dreieck an den Zäunen: »Danger Mines!« Ich wollte im Auto bleiben, hatte keine Lust auf verminten Pfaden zu wandern.

»Die Hisbollah verdient mit dem Drogenhandel ihr Geld«, behauptete der Beifahrer.

»Dann unterstützt du mit jedem Joint deinen Feind?«, fragte ich.

Er grinste, und der am Steuer antwortete.

»Wenn alle rauchen würden, gäbe es keinen scheiß Krieg.«

Der Fahrer drehte mit dem eingeklemmten Lenkrad zwischen den Beinen einen Joint. Er reichte dem Beifahrer den Joint, und der brachte ihn mit zwei kräftigen Zügen zum Glühen. Dann reichte er ihn mir. Ich zog und schaute auf die grasenden Kühe, hinter der Absperrung, mitten im Minenfeld. Ich gab den Joint nach vorne zurück.

»Die israelische Regierung verbietet Drogen nur, weil sie will, dass wir arbeiten. Immer arbeiten. Pünktlich anfangen zu arbeiten«, sagte der Beifahrer. Er war an der Uni in Oxford für ein Seminar gewesen, »irgendwas mit Politik und Wirtschaft«. Er kam nach Israel zurück mit einer speziellen Erkenntnis: »In Oxford gibt es das beste Marihuana der Welt.«

Wir fuhren eine schmale Straße, die sich den Berg entlang nach oben schlängelte. »In London fahren die U-Bahnen alle zwei Minuten«, erzählte uns der Beifahrer schwärmerisch. »Und wieso?«, sein Ton änderte sich, klang auf einmal empört. »Nur damit sie pünktlich zur Arbeit kommen. Nur deswegen!«

Eine Kuh mitten auf der Straße, in einer engen Kurve, brachte den Beifahrer zum Schweigen und den Fahrer zu einer Vollbremsung. Im Auto roch es nicht nach den qualmenden Bremsbelägen, Marihuana und Tabak überlagerten alles. Die Kuh überlebte unbeschadet.

Ein Farmer mit knielangen Plastikstiefeln und einer Rute in der Hand versuchte das Tier zurück an den Straßenrand zu treiben, die Kuh über den Asphalt zu schieben. Sie wippten gemeinsam vor und wieder zurück, die Kuh hatte keine Lust auf das Minenfeld. Sie wollte lieber Tango tanzen, auf der Straße. Sie wippten wieder gemeinsam vor und zurück. Der in den Stiefeln führte sie schließlich zurück auf die grasige Fläche. Ein Minenfeld-Tango, dachte ich und hörte den Beifahrer über irgendetwas lachen.

An Wasserfällen mit Blick auf die Überreste einer mittelalterlichen Festung trennten wir uns. Ich suchte Schatten unter dem Wellblechdach eines Händlers, der Äpfel verkaufte. Der Mann hinter einer Theke auf der anderen Straßenseite rief mir »Humus!« zu. Ich wollte nicht essen, sondern weiter den Berg hoch. Ein Mitte 30-Jähriger hielt, winkte mich zu sich, und ich war sehr glücklich, denn er war ein Druse und mit einem Drusen war ich noch nie gefahren.

Mein Druse war Arzt. Er hatte die Schicht in einem israelischen Krankenhaus beendet und wollte in seine drusische Stadt auf dem Hermon, der in seiner Stadt Dschabal Scheich heißt. Er gab mir auf unserer Fahrt zu verstehen, dass ich alles fragen durfte. Er wusste, wie viel Geheimnisvolles die Drusen für Außenstehende wie mich umgab. Ich hatte von Seelenwanderungen gehört, an die sie glauben. Von ihrer Nähe zum Islam und den doch so vielen Unterschieden, die sie zu einer eigenen Religion machten.

Seine Eltern und Großeltern, so erklärte er mir, waren Syrer gewesen. Bevor Israel dieses Gebiet und auch ihre Stadt eroberte. »Siehst du dich als Syrer oder als Israeli?«, fragte ich. »Ich bin Syrer. Ein Syrer in Israel.« Er wollte mir die heutige Grenze zu Syrien zeigen und wir parkten auf dem Hof seines Hauses. Von dort blickten wir auf den Grenzzaun und eine schmale Straße für Militärpatrouillen. Er zeigte mir den weißen Wachturm der UN und die »Shouting Hills«. »Freitags versammeln sich Syrer auf beiden Seiten des Grenzzaunes, um miteinander zu reden«, sagte mir der Druse. Miteinander zu schreien trifft es vermutlich genauer. Sie kommunizieren von Berg zu Berg, über das militärische Sperrgebiet hinweg, im Tal der Schreie.

»Früher waren Telefonate verboten und zu teuer«, erklärte mir mein Druse. Vielen sei es auch heute lieber, sich von Berg zu Berg direkt auszutauschen, mit Blickkontakt, ohne Computer. »Viele verwenden Megaphone und Ferngläser, und es sind vor allem Familienmitglieder, die seit dem Sechs-Tage-Krieg getrennt voneinander leben.« Es war kalt in den Bergen und es war kein Freitag. Niemand rief, und selbst der UN-Posten sah verlassen aus.

Der Druse lud mich zu sich nach Hause ein, stellte mir seine Familie vor. Wir aßen, auf Kissen sitzend, im Wohnzimmer mit Kurkuma gefärbten Reis, Bohneneintopf mit Rindfleisch, Joghurt,

Oliven und sauer eingelegten Rettich. Ich rückte näher an den Ofen, der neben mir mitten im Raum angebracht war. Der Wind von draußen war durch das Abzugsrohr zu hören, ein leises und gemütliches Summen.

Er schrieb mir seine Adresse auf, kaum war »Israel« notiert, sagte er teils erstaunt, teils sich rechtfertigend: »Siehst du, ich schreibe Israel.« Die Identitätsfrage war vielleicht auch für ihn noch nicht geklärt. Er fuhr mich raus aus seinem Ort. Wie in Metula waren die Bewohner in der Drusenstadt offenbar eine große Familie. Der Radladerfahrer vor uns, der Schnee mit der Schaufel von der Straße schob, war sein Neffe. Und das Haus seiner Eltern lag ganz nahe.

Eine Straße führte uns weiter den Berg hinauf, zum einzigen Skigebiet Israels. An einem Kontrollpunkt ließ er mich raus und drehte um. Ich wollte weiter, durfte aber nicht. Wer so weit in den Norden gereist war, den höchsten Berg aufsuchte, der hatte entweder Geld zum Skifahren oder wie ich: keinen Plan. Ein in einer dicken Jacke, mehreren Schals und Mützen verpackter Kontrolleur ließ mich wissen, dass es nachmittags keinen Einlass mehr gebe.

Der Tagespass war teuer, die Leih-Ausrüstung ebenso. Davon hörte ich auf dem Rückweg. Ein israelischer Rentner hatte mich mitgenommen. »Ich habe einen Saison-Pass, und heute ist mein fünfzehnter Fahrttag«, erklärte er mir. Die Skier klemmten zwischen unseren Sitzen. »Die gehören einem Freund. Er hatte nach zwei Stunden einen Unfall und ist zu Hause.« Ein Snowboardfahrer war angeblich schuld gewesen.

Mein Skifahrer erzählte vom Krieg und von seiner Zeit im Kibbuz. Er fand keine lobenden Worte für »die Araber«, die für ihn »ein Wüstenvolk« waren. Einzig von den Drusen berichtete er freundlich, weil sie »gute Arbeiter« sind. Ich diskutierte nicht mit ihm, ließ ihn erzählen. Er hatte, keine zehn Sekunden nachdem ich auf dem schneebedeckten Berg meine Hand ausgestreckt hatte, gehalten. Und er hatte mich, den Fremden, mitgenommen. Daran hielt ich mich fest, während wir an den Minenschildern vorbeifuhren, bis wir uns in schneefreier Landschaft trennten.

Dem Sonnenuntergang entgegen wanderte ich am Straßenrand entlang. Ich übersah trotz Sonnenbrille einen Dornbusch, der meine Hose und Jacke festhielt, sich an mir festklammerte, als wolle er nicht, dass ich die Straße weiterspazierte. Die vielen Tage und Kilometer alleine auf der Straße machten mich empfänglich für mögliche Zeichen. Sie ließen mich mit einem Dornbusch reden. So weit war es schon gekommen.

Der Dornbusch wollte mich aufhalten. Ich musste aber weiter. Wollte in der Unterkunft ankommen, bevor es so dunkel sein würde wie in der letzten Nacht. Das erklärte ich den Dornen. Sie hatten Verständnis und zeigten mir hinter dichten Büschen in der Ferne einen Weg. Er war nur für Fußgänger angelegt und brachte mich fast bis vor die Sicherheitsschleuse meiner Unterkunft. Der Wärter betrachtete mich durch die Kamera, und ein Motor schob die dicken Metallstäbe auf die Seite.

IM MÄRCHENWALD

Der Weg zurück in den Süden musste schneller zurückgelegt werden als bisher. Ich hatte eine Verabredung, nahe Jerusalem, einen Mitwanderer. Dort sollte ich in einigen Tagen, nicht erst Wochen ankommen. Ich wanderte auf rissigem Asphalt und auf Kieselsteinen, folgte der Straße Richtung Süden. Eine Familie hielt. »Wohin willst du?«, fragte der Vater. Ich überlegte, musste mir etwas einfallen lassen, wie oft, weil ich es selbst noch nicht wusste, aber kein Misstrauen erwecken wollte. Nicht zu wissen, welches Ziel man vor Augen hatte, machte Fahrer und Beifahrer skeptisch. Das konnte ich verstehen. So setzte ich mir, vor der Beifahrertür stehend, ein Ziel und nannte einen Ort in den Bergen. »Ich will nach Safed.«

Ich machte es mir hinten neben dem Kindersitz bequem. Das Mädchen im Sitz schaute mich skeptisch an. Wir fuhren vorbei an Grün, dem mein Fahrer Namen gab. Er war kein Pflanzenlaie, so wie ich. Er zeigte auf Plantagen, auf Orangen-, Mango-, Äpfel- und Pfirsichbäume. Und er trug Kippa, sprach vom »Land of Israel«. »Das Land ist gesegnet mit den besten Früchten der Welt.« Seine

Frau, das Mädchen und ich hörten ihm zu. »Die beste Qualität wird exportiert. Wenn ich die besten Früchte aus meinem Land haben will, muss ich sie in London kaufen.«

Ich wollte mitreden, etwas zum Gespräch beitragen und sprach von israelischen Avocados, die ich zu Hause gekauft hatte. Er schüttelte den Kopf. »Viele Avocados sind nicht koscher!« Das Mädchen neben mir war eingeschlafen, den Mundwinkel immer noch etwas grimmig verzogen. Wenn es aufwacht, dachte ich mir, würde ich weg sein, wäre es wieder alleine mit seinen Eltern. »Die Pflanze muss nach jüdischen Gesetzen mindestens drei Jahre alt sein, bevor man ihre Früchte essen darf«, erklärte mir der Fahrer. »Und bei Avocados trägt der Baum oft schon früher Früchte.«

Mein Fahrer lebte mit seiner Familie im Norden des Landes und war offensichtlich ein Fachmann geworden für alles, was wächst. Und nicht nur für das. »Auf dieser Straße dort drüben«, er zeigte nach rechts auf einen alten Weg voller Schlaglöcher, »gibt es ein Phänomen.« Er machte eine Pause. »Auf der Straße gibt es eine Stelle, wenn man dort das Auto anhält, in den Leerlauf schaltet, rollt es ein Stück den Berg hoch.« Ich wusste nicht recht, was ich von dieser Geschichte halten sollte.

Wir trennten uns ein paar hundert Meter später, er musste mit seiner Familie abbiegen, zeigte noch einmal auf den alten Weg. »Sie ist eine der schönsten Straßen Israels. Manchmal fahren noch Autos dort entlang. Wenn du aber auf dem schnellsten Weg in den Süden willst, musst du auf der Hauptstraße bleiben.« Er sah vielleicht noch im Rückspiegel, für welchen der Wege ich mich entschieden hatte.

Die Schlaglöcher störten mich nicht, ein Grunzen aus dem dichten Gebüsch neben mir schon mehr. Es kam aus einem Nadelwald, in dem große, von Gras bewachsene Steine neben wuchtigen Stämmen lagen. Vielleicht ein Wildschwein, dachte ich. Wollte der Sache aber nicht nachgehen. Und als ich einen Automotor hörte, streckte ich die Hand aus.

Ein junger Mann nahm mich ein paar hundert Meter bis zur nächsten Abzweigung mit in den Wald. »Hast du einen Paraglider?« Er deutete auf meinen Rucksack. Ich hatte auf meiner Reise offenbar so viel Sachen dabei, dass im Rucksack ein zusammengefaltetes Fluggerät Platz gehabt hätte. Im Kofferraum waren zwei seiner Glider in große Taschen verpackt.

Der Paraglider kannte sich aus im Märchenwald, und ich fragte ihn nach dem Phänomen. Der Sache mit dem Auto im Leerlauf und dem Berg. Er fluchte, wie im Märchenwald wohl nur sehr böse Kobolde fluchen dürfen. »Fucking bullshit!« Er wollte es immer genau wissen, war ein Techniker. Daher war er an der Stelle mit einer Wasserwaage gewesen. Er hielt die Hände auf dem Armaturenbrett hinter dem Lenkrad so, als balancierte er die Waage, beäugte sie kritisch. »Eine optische Täuschung ist das dort!«

Mein nächster Fahrer war da etwas vorsichtiger, er hatte von der Stelle gehört, wusste aber nicht, wo genau sie war. So fuhren wir durch den Märchenwald, ohne das Geheimnis zu lüften. Und mein Fahrer wechselte das Thema. »Hast du eine Freun…?« Er unterbrach sich selbst, fühlte sich unwohl bei der Frage und wollte nicht falsch verstanden werden. Er verhaspelte sich ein wenig. Die Sache sah so aus, wenn ich sie richtig verstand: Im Märchenwald gab es einen Platz. Dort wiederum konnte man beten, um eine Frau zu bekommen, sollte man noch keine haben.

Bald stand ich wieder alleine im Wald, spazierte an den Nadelbäumen entlang, fühlte mich ein wenig an meine Kindheit im Schwarzwald erinnert, dachte an die Zwerge, die mir mein Vater damals gezeigt hatte. Mein nächster Fahrer war ebenso ganz väterlich, ein gemütlicher Typ, 62 Jahre alt und hieß Ben-Zion. Er schaute mich durch dicke Brillengläser an und stellte die Frage, die offenbar im Märchenwald immer gestellt werden musste: »Hast du eine Frau?«

Ich antwortete und er beschleunigte. Wir ließen den Platz der Wünsche hinter uns. Ben-Zion wunderte sich, was ich, wenn ich schon verheiratet war, in diesem Märchenwald zu suchen hatte. »In Deutschland gibt es so viele Wälder, und du kommst hierher, um einen Wald zu sehen?« Er meinte es nicht so ernst, wie er es sagte. Es gehörte zu seinem Humor, so zu sprechen, und ich mochte ihn bereits nach dem ersten Kilometer. Ben-Zion merkte das und machte einen Vorschlag: »Lass uns bei mir Kaffee trinken.«

Er wohnte in einem kleinen Ort hinter dem Wald, mit Blick auf andere Berge und in ein grünes Tal. Wir saßen am Esstisch im Wohnzimmer, tranken Kaffee. Seine Frau gesellte sich zu uns, einer seiner Söhne ebenso. Obwohl ich dankend ablehnte, aßen wir kurz darauf Schnitzel mit Reis und tranken Weißwein. Ich schaute mir die bunten Kühlschrankmagnete von den Reisen an, von denen er mir erzählte. Auf dem Nachbarmagnet der österreichischen Flagge las ich »Egypt«.

»Ihr wart in Ägypten?«

»Den hat meine Frau geschenkt bekommen.«

Er machte eine kurze Pause, nippte am Weinglas.

»Ich war in Ägypten. Als Soldat.«

»In welchem Krieg?«

»Yom Kippur.«

Sein Sohn tippte etwas in sein Handy, und der Vater erzählte vom Krieg. »Wir aßen das Essen der Ägypter, wenn wir etwas von ihnen fanden, und wir trugen selbst ihre Wäsche. Wir hatten nichts in diesem Krieg.« An der Nordfront kämpfte er neun Jahre später, im Libanonkrieg 1982. Ben-Zion stellte mir die Frage, die auch andere israelische Gesprächspartner oft gestellt hatten auf dieser Reise, sobald ich gesagt hatte, dass ich auch auf der anderen Seite war. »Wollen die Araber Frieden?«

Wir diskutierten, und ich dachte an meine Verabredung in Jerusalem in wenigen Tagen. Ich musste meine Reise Richtung Süden fortsetzen. So schön es bei ihm am Rande des Märchenwaldes auch war.

Zu Fuß machte es keine Freude auf dem Asphalt am Straßenrand, der in den schmalen Bergstraßen kaum Platz für mich ließ. Manche Fahrzeuge schnitten in den engen Kurven die Markierung, fuhren über die Linie zu nah an mich heran. Die Fahrer der schweren Lastwagen hatten keine Wahl, sie mussten mit ihren Anhängern meinen Wanderweg mitbenutzen.

Einer von ihnen hielt. Der Fahrer stellte sich als Menachem vor, brachte mich eine Kreuzung weiter. Er entschuldigte sich für sein Englisch. Es war vor zehn Jahren sehr gut gewesen, wie er mir erklärte. Und er nannte auch die Gründe. Damals hatte er am Tel Aviver Strand Touristinnen abgeschleppt, und eine gemeinsame Sprache erleichterte ihm das. Dann heiratete er, keine Touristin, und er hatte keinen Grund mehr, Englisch zu sprechen.

Die Straßenlampen leuchteten auf. Mein größter Feind auf der Straße, die Dunkelheit, brach ein. Ich wanderte, bis es am dunklen Straßenrand wieder zu gefährlich war. Ein Mann mit Schläfenlocken, Vollbart und Kippa hatte Erbarmen. Wir sprachen über das Reisen. Er war in jungen Jahren mit dem Motorrad durch Europa gereist. Während er davon erzählte, zog er an seinen Schläfenlocken. »Das war, bevor ich die hatte.«

Er erzählte von den Israelis, die nach der Armeezeit die Welt sehen wollten. Nach Indien oder Australien reisten. »Wir alle suchen etwas. Dabei ist es hier drinnen.« Er klopfte mit geöffneter Handfläche auf sein Herz. »Aber wir müssen erst in der Ferne suchen, bevor wir zu unserem Inneren kommen«, sagte er wie aus dem Roman von Paulo Coelho.

Er setzte mich an der Einfahrt einer gutbesuchten jüdischen Pilgerstätte ab. Nach einigen Metern streckte ich die Hand aus, wollte weiter, zumindest bis nach Akko oder Haifa, ans Mittelmeer. Ich war der einzige Mann ohne Hut. Die Hutträger mit den schwarzen Hosen und Jacketts störte das nicht. Zwei Hüte störten jedoch mich. Denn sie schummelten. Sie waren nach mir gekommen und stellten sich 20 Meter vor mich hin, streckten ebenso die Hand aus wie ich. Sie brachen das ungeschriebene Gesetz der Anhalter. Es war offenbar nicht Teil ihrer strengen religiösen Gesetze.

Ich wartete in der Dunkelheit und keiner hielt. Nicht für mich, mir fehlte vermutlich der Hut. Ich versuchte es mit der Wollmütze. Sie ersetzte keinen Hut. Ich wartete eine Stunde und blickte mal ernst, mal lächelnd in die nahenden Scheinwerfer. Eine weitere Stunde verging und ein Mittvierziger tauchte neben mir auf. Er war per Bus mit einer Pilgergruppe angereist. Nun war die Gruppe unauffindbar, der Bus nicht mehr auf dem Parkplatz. Man hatte ihn offenbar vergessen. Er musste nun irgendwie zurück nach Haifa. Ich versuchte ihm zwar Mut zu machen, gab ihm aber insgeheim keine Chance als Anhalter. Ihm fehlte wie mir der Hut.

Neben der Einfahrt zur Pilgerstätte leuchtete die Reklame einer Imbisshütte. Im Inneren waren die Regale aufgefüllt mit Schokoriegeln, Überraschungseiern, Lutschern und Chips. Eine Gruppe Jungs mit Kippa und weißem Hemd trat ein, blieb vor dem Schild stehen, das offenbar ihr Schicksal besiegelte, und verließ die Hütte. Alkohol durfte nicht an unter 18-Jährige ausgeschenkt werden.

Ich blickte zur menschenleeren Straße, der hutlose Herr hatte es offenbar irgendwie geschafft. Ich gab es auf und wanderte zurück Richtung Safed. Vielleicht konnte ich es an einer anderen Stelle probieren, wenn das nicht klappte, musste ich den Berg hoch, am Straßenrand zurück in den Ort, in dem es Unterkünfte gab.

Ich überquerte einen Parkplatz neben einer Tankstelle. Eine Frau, vielleicht Ende dreißig, mit weißer Strickmütze, einem lila Pullover und karierter Hose sprach mich an. »Brauchst du eine Mitfahrgelegenheit?« Ich staunte und sagte ja. Wohin, das war mir inzwischen egal. Sie fuhr die 866 nach Süden, nur ein paar Kilometer, bis Amirim. »Ein wundervoller Ort, von Vegetariern gegründet.« Das sagte sie mir im Auto. Und noch mehr erklärte sie mir dort. »Ich spürte die Energie, wusste, dass du Hilfe brauchst.« Ich glaubte es ihr an diesem Abend aufs Wort. Der Märchenwald schien mit seinen Kräften bis hierher zu wirken.

Das Vegetarier-Dorf lebte von Touristen. Meine Fahrerin bot mir an, mich zu einer der vielen Unterkünfte zu fahren. Ihre Idee machte Sinn, und ich nahm sie an, was sollte ich dem Märchenwald auch widersprechen. Meine Fahrerin bot Physiotherapien an, sah sich als Heilerin, und ich hätte nichts anderes gesagt. Sie war meine Retterin des Tages. Und sie rief eine Bekannte an, überredete sie, dass sie mir ein Zimmer für ein Drittel des normalen Preises vermietete. »Der Kosmos schenkt es dir«, sagte die Heilerin. »Ich weiß. Ich beschenke ihn auch.« Sie lächelte und nickte.

Der Kosmos hatte noch ein weiteres Geschenk für mich. »Ich muss morgen nach Karmiel. Da kann ich dich mitnehmen.« Karmiel war nicht weit weg, aber es war ein Stück weiter zu meiner Verabredung in Jerusalem. Auf dem Weg zur Vermieterin, zu meiner Unterkunft, kam uns eine andere Physiotherapeutin entgegen. »Es ist kein Zufall, dass du hier bist.« Sie zeigte mit beiden offenen Händen in den Himmel.

Die Heilerin holte die Schlüssel von der Vermieterin ab, zeigte mir die Wohnung und packte eine Art Trommel aus einer runden Tasche, mit der sie auch therapiert. Sie trommelte mit den Fingerspitzen und der flachen Hand eine Melodie. Erzählte von einer großen Trommel, die sie mit anderen zusammen entwerfen wollte, auch ein Schamane sei dabei. Sie merkte, dass ich müde war, und verließ mit der Trommel unter dem Arm meine Wohnung.

Ich träumte von einem großen Wald. Ich musste ein Wildschwein finden und erlegen. Warum, wusste ich nicht. Ich trug eine Maschinenpistole im Anschlag, es war die Tavor, die ich bei den israelischen Grenzpolizisten gesehen hatte. Der palästinensische Hobby-Jäger vom Geheimdienst trank Rotwein, machte sich darüber lustig. Es war die falsche Waffe! Doch ich nahm, was ich hatte, und streifte durch den dichten Nadelwald.

Vögel sangen und Hunde jaulten – der Morgen begann früh in der vegetarischen Siedlung. Zumindest für die Tiere. Nur einem Menschen begegnete ich auf dem Weg zum Haus der Heilerin. Er nahm mich mit seinem Pick-up einige Meter von Haus zu Haus mit.

Die Heilerin frühstückte im Auto Salatblätter und eine Avocado. Wir ließen die vegetarische Siedlung mit ihren jaulenden Hunden und singenden Vögeln hinter uns. Die Heilerin sprach von den schlechten Energien, die ich auf der anderen Seite gespürt haben musste, »wegen des Konfliktes«. »Wenn du wieder einmal in Nablus und Dschenin bist, sag ihnen, jemand denkt an sie«, bat sie mich zum Abschied.

An der Schnellstraße nahe Karmiel ahnte ich, dass dieser Tag wie der letzte wohl sehr schwierig werden würde. Ich streckte meinen Arm aus, und das erste Mal seit Wochen spürte ich ihn. Es war kein Schmerz, aber ein unangenehmes Ziehen, vom Vortag. Anhalter-Muskelkater, vom stundenlangen Warten auf Autos.

Ich wanderte weiter am Rand, und zum ersten Mal hatte ich auf der Straße Gesellschaft von einem Mitwanderer. Ein schmaler Russe mit kurzen blonden Haaren. Er hatte kein Geld mehr und musste nach Haifa. Er holte seine letzten Dollarscheine aus dem Geldbeutel und winkte mit ihnen den Autos zu. Er lachte dabei, es klang verzweifelt. Ich zeigte ihm, wie man Autos anhält. Doch es blieb Theorie. Die Praxis versagte seit dem Vorabend.

Der Russe probierte es, wir standen nebeneinander. Gaben es gemeinsam auf. Wer für einen nicht hält, hält auch nicht für zwei. Er wollte neben mir laufen, ich zeigte auf die vorbeirasenden Autos und ließ ihn dicht vor mir gehen. Der Russe deutete auf ein arabisches Dorf, arabische Israelis mussten dort leben.

»Arabisches Gebiet!«, erklärte er mir.

»Hast du Angst?«

Er wippte den Kopf vorsichtig von links nach rechts.

»Wir müssen vorsichtig sein«, sagte er nach einigen Sekunden.

»Ich gehe jetzt Mittag essen«, sagte ich ihm und zeigte auf das Dorf.

Er schaute mich fragend an, sagte »gut« und folgte mir. Ich schüttelte freundlich lächelnd den Kopf, weil man so etwas nicht tun sollte, wenn man Angst hat, und machte ihn auf eine Bushaltestelle hundert Meter vor uns aufmerksam. »Vielleicht hält dort ein Auto für dich. Probier es!« Er war offenbar erleichtert und lächelte zurück.

Als ich eine halbe Stunde später mit warmem Brot, einer Packung Humus und Milch zurückkam, war er schon weg. Für mich hielt weiterhin kein Auto an, offenbar musste ich etwas direkter werden. Am Straßenrand hantierte ein älterer Herr an seiner Freisprecheinrichtung. Ich klopfte an sein Fenster und zeigte Richtung Westen, in seine Fahrtrichtung.

Mein Fahrer lebte in dem arabischen Dorf, in dem ich mein Mittagessen gekauft hatte, arbeitete knapp drei Jahrzehnte als Rettungsschwimmer am Mittelmeer. Ich sah seinen kräftigen Brustkorb und zweifelte keine Sekunde. Ich fragte nach Haien. Er schüttelte den Kopf. »Die suchen ihr Fressen in tieferen Gewässern.« Nur einmal hätte er kleine Haie fern des Strandes gesehen.

Er änderte das Thema aus alten Tagen und kam zu einem anderen Thema, dem Islam. Darüber wollte er mit mir, dem Nicht-Muslim, reden. »Der Koran ist für alle Menschen geschrieben.« Er berichtete von »Mekka, dem Zentrum der Welt«. Ich hörte zu, wie er davon erzählte, wie er überzeugt war von einer einzig wahren Wahrheit. Und ich war wohl auf dieser Fahrt ein wenig neidisch auf ihn, der so fest glauben konnte, an ein Weltzentrum zum Beispiel, ohne zu zweifeln.

»Wenn die Juden Frieden wollten«, sagte er abschließend, »dann wäre das hier der Garten Eden.« Ich dachte an einen meiner Fahrer, es war womöglich der religiöse Jude auf den Golanhöhen, der keine Avocados essen durfte. Mit Blick auf die Plantagen hatte er, der von seiner Sache nicht weniger überzeugt war als der muslimische Rettungsschwimmer, gesagt: »Wenn die Muslime Frieden wollten, hätten wir hier ein Paradies.«

Mein Fahrer verabschiedete sich mit festem Händedruck. Ich stand noch immer einige Kilometer vor Haifa. Meine Verabredung in Jerusalem war in weniger als 24 Stunden. Es war unmöglich, dort anzukommen, wenn es so weitergehen würde. Liran machte mir Hoffnung. Der Israeli ist Manager einer Softwarefirma. Er kam von einem Meeting und nahm mich mit nach Haifa. Seine Laptoptasche lag hinter uns neben meinem Rucksack.

Ich erzählte ihm von meiner Begegnung mit dem Rettungsschwimmer und von Mekka, dem Zentrum. »Die Leute hier denken, Israel sei das Zentrum«, sagte er. Und ergänzte: »Jeder ist hier sein eigenes Zentrum.« Wir sprachen über Wohnungspreise in Haifa und das Leben fernab von Tel Aviv im Norden des Landes. Ich kannte Haifa gut, hatte ein halbes Jahr dort gelebt, sah bereits die Sehenswürdigkeiten, die Hängenden Gärten der Bahai-Gemeinde.

Lirans Firma lag direkt am Strand, wo Intel, IBM & Co. ihre Büros haben. Ich stapfte durch den Sand. Der gute Wanderersand lag direkt am Wasser, er war fest und ich kam voran. Am Horizont steuerte ein Containerschiff auf den Hafen von Haifa zu. Einige Jogger kamen mir entgegen. Fünf orthodoxe Juden, Cola trinkend und telefonierend, gingen auf dem trockenen Sand, in dem man mit den Füßen versank. Zwei junge Paare mit Hunden, der Nachwuchs-Test, dachte ich. Ein Vater, der seinen im Sand spielenden Jungen fotografierte.

Fernab aller Sportler, Paare, Kinder und Hunde trat ein Mann aus dem Gestrüpp, ein paar Meter vom Strand entfernt, verstaute ein daumengroßes Tütchen in der Hosentasche. Ein anderer, der mit einem Geländewagen mit getönten Fensterscheiben den Weg bis hierher fand, verschwand im Busch. Kam heraus und ich wollte ihn nach einer Mitfahrgelegenheit fragen, nicht nach dem, was die Drogen kosteten, die man in dem Gebüsch offenbar dealte. Ohne mich zu beachten, fuhr er weiter. Der Strand von Haifa hatte seine Geheimnisse.

Die Nacht der Schande sollte bald anbrechen. Noch brannte mir die Nachmittagssonne entgegen, in drei Stunden würde sie im Wasser versinken. Bis dahin musste ich wieder auf der Straße sein, ein Auto finden Richtung Süden und von dort weiter nach Jerusalem. Manche hielten, fuhren mich einige Kilometer zum nächsten Ort, vorbei an Tausenden Bananenstauden, hinter denen die Sonne unterging.

Ich stand alleine in der Nacht unter dem Lichtkegel einer Straßenlampe an einer Bushaltestelle. Die Haltespur für Busse sollte Fahrer einladen, für mich zu halten, mich mitzunehmen. Aber keiner nahm die Einladung an. Ein junger Israeli mit Rucksack stellte sich zu mir. »Du warst zuerst hier!« Er kannte die Regeln und stellte sich an den Straßenrand.

Er erzählte davon, wie einfach es von dieser Stelle ist. Wie oft er schon von diesem Ort per Anhalter nach Tel Aviv unterwegs war. Wie wichtig das Licht über uns ist. Er machte mir Mut. Bis der Bus hielt und er ohne Verabschiedung im Bus nach Tel Aviv verschwand. Eine junge Israelin mit langen blonden Haaren stellte sich eine Stunde später neben mich, streckte die Hand aus, und ich merkte, dass dieser Tag ganz anders als der schlimme Vortag verlaufen würde. Viel schlimmer.

Die Israelin musste zu einer Hochzeit nach Jaffa, südlich von Tel Aviv. »Ich halte ein Auto für uns beide an«, sagte sie zu mir. Und auch sie machte mir Mut. Ich wartete am Straßenrand und überließ ihr die Arbeit. Zwei Minuten später hielt ein Fahrer, das erste Mal seit einer Stunde, er hatte nur Platz für eine Person, und sie war im Auto verschwunden. Etwas schnürte mir den Hals zu, es fühlte sich traurig an. Ich verlor jede Hoffnung, mein sturer Kopf wollte keinen Bus, nicht jetzt, auf der letzten großen Etappe der Reise, der Zielgeraden.

Zwei junge Frauen hielten an. Eine war Yoga-Lehrerin, sie erzählte von Energien, und ich war nicht sicher, ob sie von der trommelnden Heilerin gesandt wurde. Die Lehrerin fragte nach meiner Reise auf der anderen Seite. »Gibt es dort Hotels?«, wollte sie von mir wissen. Und ich antwortete.

Vor Tel Aviv bogen sie ab und setzten mich an einer von Müll umzäunten Tankstelle mit einem McDonald's ab. Ich bestellte Pommes mit Ketchup. Sie waren ungesalzen. Ich stellte mich darauf ein, umgeben von Plastikbesteck, fettigen Papiertüten und flachen Bildschirmen mit Werbefilmen für Texas Burger, dass diese Reise zu Ende ging.

Ich spürte es vor zwei Tagen zum ersten Mal, als kaum noch Autos hielten, die sonst immer hielten, manchmal nach Sekunden. Vielleicht war nach der langen Reise irgendetwas weggebrochen, die Energie, würde meine trommelnde Heilerin es nennen. Allah hatte mich verlassen, würde mir der muslimische Rettungsschwimmer womöglich erklären. Ich sah seit Stunden in den Autos nur noch hässliche Blechkisten, die mich mit runden frechen Augen anglotzten. Sah nur noch das Metall, das Böse, nicht mehr die Fahrer, das Gute, dahinter.

Ich ging am McDonald's-Sicherheitsmann vorbei, der mich zuvor mit dem Rucksack kritisch betrachtet hatte und nun am Ausgang den Kopf ans Fenster lehnte und schlief, sicher nicht von Texas Burgern träumte. Es war spät geworden, doch ich rief meine

Verabredung an, bei der ich in zehn Stunden sein sollte. Womöglich war etwas dazwischengekommen, einige Stunden Zeit wären somit gewonnen.

»Wo bist du?«, fragte er mich.

»Vor Tel Aviv.«

»Vor Tel Aviv? Und du willst heute Nacht noch nach Jerusalem?«

»Per Anhalter und zu Fuß«, ergänzte ich.

Die Männerstimme am anderen Ende sagte ein langgezogenes »Okay« und wünschte mir viel Glück. Das »Okay« war nicht schlimm, aber das Langgezogene raubte mir alle Illusionen. Es war vorbei.

Ich stolperte den kleinen Abhang zur Bushaltestelle hinunter, kaum stand ich wieder auf festem Boden, hielt ein grüner Bus mit der Nummer 447 vor mir. Vielleicht ein Dutzend Busse stoppte laut der Anzeigetafel an dieser Haltestelle. Doch nur er fuhr nach Jerusalem. Also doch, ein Zeichen, ich redete es mir ein und bestieg das Fahrzeug.

Und ich hasste ihn, diesen Bus. Den dunklen Raum mit den blauen Lichtern an der Decke, für Nachtfahrten. Alle um mich herum schliefen. In sich zusammengefaltet. Jeder für sich. An das Fenster gedrückt. In den Sitz versunken. Die, die der Bus wachrüttelte, schauten verstohlen in ihr Handy, tippten etwas, telefonierten. Sie schliefen wieder ein. Der Bus schnaufte den Berg hoch nach Jerusalem.

Ich wartete schlaflos, wollte meinen Ausstieg nicht verpassen, die Kreuzung, die mich zum Kibbuz Tzuba führen würde, wo ein Bett auf mich wartete, weil meine Verabredung morgen früh mich hier abholen wollte. Ich stieg aus dem Bus, meine erste Fahrt seit Wochen, ohne ein Gespräch geführt zu haben. Die Nacht der Schande beendete ich mit einer Taxifahrt – von der vielbefahrenen Kreuzung zum einsamen Kibbuz umgeben von Wäldern.

DIE SUCHE NACH WILDBLUMEN

Das Auto hielt, ohne dass ich die Hand hätte ausstrecken müssen. An einem kühlen Morgen mit dunklen Wolken. Punkt 7.30 Uhr. Meine Verabredung fuhr bei einem Kreisel eine zweite Runde. »Schau dir das an. Der Händler füttert mit dem Brot, das er verkauft, die Tauben.« Ein Bild ohne Rahmen am Straßenrand, und für solche Bilder hat David Grossman einen Blick. Den Blick des Schriftstellers. Er winkte dem Händler zu, der überrascht zu uns zwei Staunenden ins Auto blickte.

Wir hielten auf einem Parkplatz im Wald, eine Frau in David Grossmans Alter kam mit ihren zwei Hunden auf uns zu. Sie erzählte uns von zwei Gazellen, die sie gesehen hatte. Einige Meter später entschuldigte sich Grossman bei mir, er hätte mir die Frau gerne vorgestellt. Er sieht sie auf dem Berg sehr oft bei seinen Wanderungen, aber er wusste nicht, wie sie heißt. »Wir kennen nur die Namen der Hunde, mit denen wir hier spazieren gehen.« Ich sah die namenlosen Wildhunde meiner Reise vor mir.

David Grossman machte mich, den Pflanzenlaien, zum grünen

Experten. Er wandert sonst mit seiner Frau hier oben jeden Tag, jeden Morgen, manchmal eine Stunde, manchmal eineinhalb Stunden. Er zeigte auf rote Blumen im Gras, offenbar Windröschen. Er deutete auf hohe Bäume, »Eukalyptus, wurde zum Austrocknen der Sümpfe angebaut«.

Wir gingen vor einem Stein in die Hocke, aus dessen Rissen blaue Pflanzen wuchsen. »Auf Hebräisch heißen sie Rakefet«, erklärte mir Grossman. Er berührte die Blütenblätter. »Wie eine schüchterne Prinzessin.« Und er machte der Prinzessin Komplimente, sang ein altes Lied für sie, während wir noch immer in der Hocke vor ihr saßen. »Eine typische israelische Landschaft«, sagte er und zeigte auf den waldigen Pfad vor uns.

So wie wir im Wald von Pflanze zu Pflanze wanderten, so kamen wir von einem Thema zum anderen, ließen uns überraschen, wohin das führte. Und so kam ich von der schüchternen Prinzessin zur stolzen Königin. Ich erzählte davon, wie mich ein eifriger Muslim einmal in Kairo zur Konversion überreden wollte. Auf alles hatte der Mann eine Antwort parat. Das Argument des Missionars für das aus seiner Sicht zwingende Kopftuch für Frauen: »Im Islam ist die Frau eine Königin. Und die Königin trägt eine Krone.«

David Grossman ergänzte meine Geschichte mit einer anderen, die viel besser zur schüchternen Prinzessin auf dem Stein passte. Auch manche jüdische Orthodoxe argumentieren, erklärte er, ganz ähnlich wie mein ägyptischer Missionar. »Die Frau ist eine Prinzessin, und eine Prinzessin ist zu Hause am sichersten.«

Am Rande des erdigen Weges wuchs dünnes Gras, umgeben von kleinen Steinen. Wir blieben stehen, ich wartete auf eine Erklärung, eine nähere Beschreibung der Pflanzenarten. »Wundervoll, oder?«, fragte mich Grossman. Ich schaute ihn an, er schien meinen Blick richtig zu interpretieren, klopfte mir auf die Schultern, lachte. »Ich mache dich verrückt mit den Pflanzen, stimmt's?« Wir ließen die Pflanzen Pflanzen sein und lasen Spuren, er entdeckte die der Hunde, ich die der Gazellen. »Sie sind alt«, erfuhr ich. Die zwei Gazellen hatten offenbar anderes vor, als sich uns zu zeigen.

Fern vom Konflikt war der Konflikt ganz nah. Am Wegrand standen verfallene Mauern, Überreste einer Siedlung. Grossman zeigte auf eine alte Quelle. Unsere Fragen kreisten. »Wer hatte hier gelebt?« »Zuletzt?« »Wieso ist er nicht mehr da?« In unseren Gesprächen nannte Grossman die andere Seite so, wie ich es seit Beginn der Reise noch nicht von Israelis gehört hatte. Aus »der anderen Seite«, dem Ort, an dem »die Araber« leben, »die Palästinenser«, oder wie ich einmal hörte, aus »Palästina«, werden bei ihm »die besetzten Gebiete«.

Ich dachte an Mohammed, der dort lebte, in Ramallah, und richtete Grossman, ohne einen Nachnamen zu nennen, liebe Grüße »von Mohammed« aus. So wie der alte Mann es mir aufgetragen hatte. Grossman kennt den Übersetzer so gut, dass es keinen Nachnamen brauchte. »Unvorstellbar, wie ein so feinfühliger Mensch unter der Besatzung leben muss«, sagte Grossman neben den blauen und roten Blumen gehend. »Er übersetzt gerade Walter Benjamin ins Arabische«, erzählte ich. Grossman staunte.

Vielleicht lag es daran, weil er von Mohammed in Ramallah, dem Vater von drei Töchtern, erzählte. Vielleicht, weil wir über den Konflikt und die Kriege sprachen. Ich wusste es nicht. Doch auf einmal war er da. Grossmans Sohn. Vielleicht lag es auch einfach an dem Wald. Grossman war mit seiner Frau hier oben gewandert, um auf andere Gedanken zu kommen, damals, als ihr Sohn im Libanon gekämpft hatte. Und sie wanderten hier oben, nachdem sie von seinem Tod erfahren hatten.

Grossman hatte damals an einem Roman geschrieben, »Eine Frau flieht vor einer Nachricht«. Die Protagonistin macht eine große Wanderung, während ihr Sohn in der Armee ist. Sie will keine Nachrichten hören, keinen Kontakt zur Außenwelt haben. Sie flieht vor der Nachricht, dass ihr Sohn gefallen ist. Grossman sprach mit seinem Sohn über die Entstehung des Romans, wenn er zu Hause war. Bis er nicht mehr zurückkehrte. »Ich will es bis heute nicht glauben«, sagte er, und wir schwiegen.

Wir fanden zurück. Zum Parkplatz. Zu uns. Tranken Sahlab auf der Terrasse eines Cafés für Ausflügler mit Blick über die Wälder. Er musste weiter, zu einer mittäglichen Lesung, zu der sicher nicht nur Freunde gehen würden, wie das eben so ist, wenn man eine Meinung hat. Die aktuelle Titelseite der Tageszeitung *Haaretz* machte mit einem Artikel von ihm auf. Er prangerte, wie oft, Missstände in seiner Gesellschaft an, an diesem Tag das Versagen der israelischen Polizei in einem bestimmten Fall. Grossman wollte, dass man den Artikel nur auf Hebräisch veröffentlichte. »Das ist etwas, das wir in der Familie diskutieren sollten«, erklärte er mir. An Drohanrufe und Hassbriefe hat er sich gewöhnt. Es scheinen rauhe Sitten in dieser Familie zu herrschen.

Ich wollte per Anhalter weiter. Grossman, der sein langgezogenes »Okay« vom Vorabend offenbar wiedergutmachen wollte, sagte, ich sollte zu Fuß gehen, zumindest bis Ein Karem. Von dort könnte ich per Anhalter weiter ins Zentrum Jerusalems.

Die Straße führte den Berg hinab, bot keinen Platz für Wanderer, ich ging hinter der Absperrung, neben dem von Metallgittern und Beton festgeklammerten Felsen. Es regnete aus den dunklen Wolken, die offenbar ungeduldig auf das Ende unserer Wanderung gewartet hatten. Der Regen störte nicht. Nichts störte.

Ein junges Paar fuhr mich später den Berg hoch, nach Jerusalem. Sie musste zum Zahnarzt, er, ihr Verlobter, musste sie begleiten. Der Alltag mit seinen Alltagsproblemen war wieder da. Sie zeigte mir ihre Beruhigungstropfen und fragte, was ich von ihnen hielt. Er wollte über Politik reden und fragte, was ich über »das alles« denke, ohne präziser zu werden. Aber ich ahnte, was er meinte.

Ich erzählte von David Grossman und unserem Treffen. »Er ist ein Radikaler«, sagte mein Fahrer über ihn. »Es gibt Radikale so und so«, dabei zeigte er mit einer Hand von links nach rechts. Wer in Israel die Besatzung eine Besatzung nannte, war schnell ein Radikaler, lernte ich in diesem Auto. »Aber seine Romane sind großartig«, sagte die Beifahrerin. Und forderte ihren Verlobten und mich auf, nicht mehr über Politik zu reden.

Sie luden mich zum Abendessen ein, ich lehnte ab. Nicht wegen seiner Äußerungen über David Grossman. Einfach, weil ich müde war vom Reisen, von den Begegnungen. Von dem, was »das alles« ausmachte und mit mir machte.

Wieso war ich wieder in Jerusalem? Zwei Gründe gab es dafür. Zum einen war die Stadt wie ein Magnet und ich das kleine metallische Teilchen, das nicht von ihr wegkam. Zum anderen hatte ich noch eine Verabredung auf palästinensischer Seite, und Jerusalem bot sich als Ort zum Übernachten an.

Ich spazierte nachmittags über den Zionsplatz an der Jaffa-Straße. Ein mit bunten Zetteln vollgeklebter Mercedes parkte auf dem Platz in der Fußgängerzone, auf dem kein Auto stehen darf. Musik donnerte aus den Boxen, und ein orthodoxer Jude legte Bücher auf der Frontscheibe ab. Ich stellte mich vor und er sich ebenso. Yosef verkaufte die Bücher seines Rabbis Schalom Arusch. Von dem hatte ich noch nie etwas gehört. Yosef verschwand daraufhin im Auto, kehrte mit einer Tüte zurück, suchte etwas in ihr und drückte mir eine CD in die Hand mit blauer Aufschrift in deutscher Sprache: »Nur die Liebe zählt«.

Ein paar Stunden später, es war dunkel geworden, ging ich wieder an dem Platz vorbei. Tanzende Orthodoxe boten CDs und Bücher an. Aus einer Musikanlage vor ihnen trällerte eine fröhliche Melodie. Zwanzig Meter entfernt von ihnen und den Hunderten flanierenden Israelis warteten fünf junge Männer mit dem Rücken an die Wand gelehnt. Vier Grenzpolizisten standen vor ihnen, mit M-16-Gewehren, es war die mobile Einheit mit zwei Motorrädern.

Die Jungs waren offenbar mit ihrer dunkleren Hautfarbe aufgefallen, könnten Araber sein, und das brachte sie an die Wand, so vermutete ich, weil ich es schon so oft beobachtet und gehört hatte. Ich setzte mich auf eine Treppe und schaute auf die Uhr. 13 Minuten standen sie dort, schauten auf den Platz, und der Platz schaute auf sie. Die Orthodoxen tanzten. Die Grenzpolizisten gaben ihnen ihre Papiere zurück, alles war in Ordnung mit ihnen, sie durften weitergehen.

Ich war mir mit etwas nicht sicher, zum ersten Mal auf dieser Reise beschäftigte mich diese Frage. Geschahen nur noch solche Dinge um mich herum, oder wollte ich nur noch solche Dinge sehen? Hatte ich den Blick für alles andere verloren? Warum war ich der einzige, der stehen blieb, beobachtete? Oder waren es die anderen, die komisch waren, für die solche Szenen zur Normalität geworden waren und die sich über mich wunderten?

Meine palästinensische Verabredung erwartete mich im Büro. Von dort wollten wir eine kleine Wanderung, einen Spaziergang, machen. Mit Hanan Aschrawi und David Grossman wollte ich meine Reise beenden, symbolisch die letzten Meter gehen. Bevor ich im Gazastreifen sein würde und alles Planen unmöglich ist. Weil sich im Chaos nichts planen lässt.

Aschrawi und Grossman erkannten beide die andere Seite an, auch immer wieder öffentlich. Und sie pflegten einen kritischen Umgang mit ihren eigenen Regierungen, der eigenen Gesellschaft. Das waren zwei Gründe, warum die Wahl auf sie fiel. Den Schriftsteller hatte ich auf seiner täglichen Waldwanderung getroffen, die ihn zum Schreiben inspirierte. Die Berufspolitikerin besuchte ich in ihrem Büro, weil ihr Terminkalender so voll war, wie der von Berufspolitikern nun einmal ist.

Eine Mitarbeiterin servierte uns arabischen Kaffee und stellte die Tässchen auf dem Schreibtisch zwischen uns ab. Auf ihm standen neben Papierhaufen und Notizbüchern ein Teller mit in kleine Stücke geschnittenem Obst und Gemüse und ein Teller mit Gebäck. »Bedienen Sie sich«, forderte mich Hanan Aschrawi auf. Die Palästinaflagge hing hinter ihr.

Eigentlich hätte sich für die letzten symbolischen Kilometer der Reise auch Raja Shehadeh angeboten, der Anwalt und Schriftsteller, der ein ganzes Buch über Wanderungen in Palästina geschrieben hatte. Aber es gab ein Problem. Er war ein Mann. Und ich hatte auf meiner Reise schon mit vielen Männern in Palästina gesprochen. Einer Männerwelt, für mich, den Reisenden. Und so fragte ich Hanan Aschrawi. Die bekannteste Politikerin Palästinas und Trägerin mehrerer Friedenspreise.

Wer so aktiv ist, hat Feinde, auch und gerade als Frau. Was für Grossmans israelische Familie galt, war auch für sie gültig, in der palästinensischen Familie. Ich hatte mich auf längere Kontrollen eingestellt und kam zehn Minuten früher. Das PLO-Gebäude liegt in Ramallah direkt neben dem Präsidentensitz. Ohne Kontrolle kam ich bis zum Empfangsschalter im Erdgeschoss.

»Ein Termin bei Frau Aschrawi?«, fragte einer der zwei Männer und stand auf. Er kam auf mich zu, ich sah keinen Metalldetektor und erwartete, abgetastet zu werden, öffnete wie ein Hampelmann leicht beide Arme. Der Mitarbeiter ging am Hampelmann vorbei und drückte den Liftschalter für mich. »Vierte Etage. Herzlich willkommen!«

Hanan Aschrawi macht oft Spaziergänge durch Ramallah mit ihrem Mann, der wandert durch das Land, er ist Fotograf. Wir nippten an den Kaffeetassen, und sie fragte mich ruhig, diplomatisch: »Müssen wir wirklich *körperlich* wandern, oder geht es nicht auch mit unseren Gedanken?« »Sie entscheiden«, entgegnete ich ihr.

Ihre Assistentin hatte mir vorgeschlagen, mit ihrer Chefin zum Grab von Arafat zu gehen. Dort war ich schon gewesen, wäre aber ein weiteres Mal hingegangen mit ihr. Nur wollte ich ja der Männerwelt entkommen und dann nicht gerade mit einer Frau zum Grab eines Mannes gehen. Zumal sie ihr Verhältnis zu Arafat einmal in einem Interview als »very interesting« beschrieben hatte. Und »very interesting« sagte alles. Sie war in seinem Kabinett Bildungsministerin. Ich erinnerte mich an ein Foto, auf dem sie in Arafats Armen versank. Das war die eine Seite. Die andere Seite: Sie kritisierte die Korruption unter Arafat und verließ die Regierung zwei Jahre später.

Wir sprachen über die Wanderungen und das Unterwegssein in ihrem Land. Sie selbst hat Angst vor Siedlern, erklärte sie mir, würde deswegen nicht außerhalb der Städte zu Fuß unterwegs sein. Und sie möchte nicht für eine Siedlerin gehalten werden, wenn sie zwischen den Städten in der Landschaft unterwegs ist. Ich konnte das nachvollziehen, hatte es auf meiner Reise selbst gelernt. Aus ein paar hundert Metern Entfernung, aus dem Auto, ist man nur ein bunter Punkt in der Landschaft, und man kann alles sein. Und die Phantasie macht aus uns Punkten offenbar Feinde und keine Freunde.

Hanan Aschrawi ist mit all diesen Restriktionen eine Gefangene im eigenen Land. Und im Gefängnis gibt es die immer gleichen Themen. Wir sprachen über Besatzung, über die Mauer, ihren Verlauf, über ihre Erfahrungen bei Kontrollen, bei Befragungen, über eine Zwei-Staaten-Lösung, an die sie nicht mehr glaubt. Über ihre Zukunft als Außenministerin, wie es die Zeitungen schreiben.

Damals hatte Arafat mit ihr verhandeln müssen, bis sie den Ministerposten annahm. Ob sie dieses Mal jemand überzeugen könnte, ist unklar. So wie die Wahlergebnisse, die letztendlich entscheiden. Oder in Aschrawis Worten: »Ich schließe nie eine Tür hinter mir. Es ist die Realität, die entscheidet.«

Eine Mitarbeiterin trat ein und sagte, dass der nächste Termin warten würde. Wir hatten schon eine Dreiviertelstunde überzogen. Ein Fernsehteam wollte ein Interview machen. Wir erhoben uns aus den Ledersesseln und gingen einige Meter, doch noch *körperlich* durch den Raum. An den Wänden hingen Fotografien, die ihr Mann in Palästina gemacht hatte. Blühende Kakteen, ein alter Sessel unter einem Baum, eine terrassenförmige Olivenbaumlandschaft im Frühling, grasbewachsen, wo im Sommer nur braune Erde ist.

Wir gingen weiter, am Konferenztisch vorbei, und sie blieb vor einer Serie von Bilderrahmen stehen. »Das ist das Allerschönste überhaupt. Nicht wahr?« Hanan Aschrawi schaute mich erwartungsvoll an. Ich nickte und staunte und war wirklich sprachlos. Sie konnte nicht wissen, warum. In den Bilderrahmen waren keine Bilder, sondern getrocknete Blumen. »Meine Großmutter hat das gemacht«, erklärte mir Aschrawi. Es waren Wildblumen. Und ich kannte ihre Namen: dank David Grossman, der sie mir vor ein paar Tagen begeistert im Wald gezeigt hatte.

»Wundervoll, oder?«, hatte er mich gefragt. »Das Allerschönste überhaupt, nicht wahr?«, fragte mich Aschrawi. Grossman sprach von der typisch israelischen Landschaft, sie war auch typisch palästinensisch. Er wäre der letzte, der das bestreiten würde. Schließlich war er es, der mich im Wald gefragt hatte, ob mir schon aufgefallen ist, wie ähnlich »wir« uns sind. Und da meinte er Israelis und Palästinenser.

Ich lag noch im Bett, in Jerusalem. Ich hatte mich einige Tage in einem Zimmer einquartiert, um mich zu erholen, verließ den kleinen Raum mit dem Waschbecken in der einen Ecke und dem Schreibtisch in der anderen nur, um zu essen und abends ein Glas Wein an einer Bar zu trinken. Kaum war es dunkel geworden, verschwand ich wieder unter der Bettdecke.

Am Schabbat weckten mich Männerstimmen durch den Fensterspalt. Es war ein Rufen, ein Wort, immer das gleiche, sich rhythmisch wiederholend, ohne die Tonlage zu verändern, wie ein Lied ohne Melodie. Ich verstand das Wort nicht. Die Rufe waren im Chor, aber nicht gleichstimmig, dutzendstimmig. Ich verließ mein Zimmer, folgte den Rufen und stieß auf vielleicht hundert orthodoxe Juden. Eine Handvoll Polizisten und Soldaten standen um sie herum. Ich konnte von nahem verstehen, was sie riefen. »SCHAAAAABEEEEEES!!!« »SCHAAAAABEEEEEES!!!«

Einer rief sein Schabbes und hielt einen Zeigefinger dabei in die Höhe gestreckt. Er schrie es mit seinen Glaubensbrüdern zu den Autofahrern, zu denen, die trotz des Schabbats ihr Fahrzeug nutzten. Sich nicht an die religiösen Regeln hielten. Ich dachte an eine religiöse Vermieterin in Israel, die mir vor einigen Jahren für einen längeren Aufenthalt ein Zimmer vermietet hatte.

An Schabbat drehte sie die Sicherung heraus, um sicher zu sein, dass kein elektronisches Gerät angehen konnte. Nach einer kurzen Diskussion erlaubte sie, dass ich in meinem Zimmer das Licht anschalten und den Computer benutzen durfte. Für die Sicherung fand sie eine andere Lösung. Sie war nicht wie die »SCHAAAAABEEEEEES!!!«-Rufenden.

Einer der Ultraorthodoxen stellte sich vor einen Kleinwagen, der Fahrer bremste abrupt. Ein Soldat schob den »SCHAAAAABEEEEEES!!!«-Rufenden auf die Seite. Das Auto fuhr ein paar Meter weiter, bis sich ein Kind mit Schläfenlocken davor auf die Straße setzte. Ein Polizist trug den Jungen weg.

Meinen Orthodoxen, Abraham, den ich zu Beginn der Reise nahe dieser Straße kennengelernt hatte, im Pizza-Imbiss, sah ich nicht unter den Rufenden. Ich verfolgte das Geschehen eine Viertelstunde, zwischen den Orthodoxen, den Soldaten und Polizisten stehend. Mich beachtete niemand, weil es nicht um mich ging an diesem Ort. Und das war eine wichtige Einsicht, die ich mir merken wollte.

TAGE UND NÄCHTE IN GAZA

Am zweiten Drehkreuz stand eine Frau, vielleicht Anfang vierzig. Sie drückte zwei Koffer und einen Sack an den Metallstangen vorbei. Ich kam zu spät, half ihr beim dritten Drehkreuz. Danach fanden wir uns in einem schlauchförmigen Käfig wieder, dessen Ende nicht in Sicht war. Wir waren die einzigen. Ich nahm ihren großen Rollkoffer, dessen sechs Rollen in vier unterschiedliche Richtungen wollten, den man deswegen seitlich schleifen musste, was ich erst nach einigen Metern herausgefunden hatte. Ich zog ihn wie einen störrischen Esel zehn Minuten durch den Schlauch, der mal nach rechts verlief, an der israelischen Grenzmauer entlang, mal nach links, Richtung Gaza-Stadt.

Ich wollte mich nicht beschweren über den Schlauch, über diesen Weg. Ich war glücklich, endlich einreisen zu dürfen. Vor Wochen hatte ich zum ersten Mal die Einreise beantragt, in meinen ersten Wandertagen. Eine Israelin, deren Gesichtsausdruck von Absagen gezeichnet war, bearbeitete im Pressebüro der Regierung die Anfragen. Ich trat ein, auf ihrem Tisch sah ich ein Fax mit dem großem Logo der ARD. Sie schaute mich an, und ihre Begrüßung bestand aus einem einzigen Satz.

»Sind Sie der von der ARD?«

»Nein. Ich habe ein anderes Schreiben für Sie. Ich schreibe für einen Buchverlag.«

»Buchverlage sind keine Medien. Das steht auch auf unserer Seite im Internet.«

Mir fiel dazu nichts ein, dass im Land des Buches ein Buch kein Medium ist.

»Sorry, dass Sie extra nach Jerusalem gekommen sind«, versuchte die Büromitarbeiterin das Gespräch zu einem Ende zu führen.

»Aber ich möchte über den Gazastreifen schreiben und muss einreisen«, sagte ich.

»Wenn Sie von einer Zeitung oder einem Fernsehsender sind, das sind Medien. Was Sie brauchen, ist ein Journalistenausweis.«

»Den habe ich doch.«

»Aber Sie schreiben für einen Buchverlag!«

»Wo beantrage ich dann die Einreise, wenn ich ein Buch schreibe?«

»Das geht nicht. Dann müssen Sie über Rafah einreisen.«

»Über Ägypten?«

»Ja. Über Ägypten.«

»Aber manche Kapitel aus dem Buch erscheinen vielleicht auch in einer Zeitung, also kann ich ein Schreiben dieser Zeitung ...«

»Das geht jetzt nicht mehr«, unterbrach sie mich. »Sie können nicht nachträglich so tun als ob.«

Sie drückte auf einen Tacker, ohne dass sich eine Heftklammer löste, drückte weiter, öffnete ihn, füllte ihn auf. Beachtete mich nicht mehr. Ich war abgefertigt, eine personifizierte Absage. Ich wollte noch nicht gehen, versuchte zusammenzufassen, für mich und den Tacker, nicht für sie.

»Wenn ich einen Artikel für eine Zeitung über Gaza schreibe, dann lassen Sie mich rein.«

Tack. Tack.

»Wenn ich ein ganzes Kapitel in einem Buch schreiben will ...«

Tack.

»... bekomme ich von Israel keine Genehmigung. Dann muss ich über Ägypten einreisen und die ägyptischen Behörden um Einreise bitten?«

Sie schaute ein letztes Mal auf und sagte: »Ja.«

Ich sah das Ende des schlauchförmigen Käfigs einige hundert Meter vor mir, entdeckte einen palästinensischen Kontrollpunkt und wartende Träger, die offenbar nicht in den Käfig zu uns wollten, nicht durften, ich wusste es nicht. Ich stellte den störrischen Koffer ab, blickte zurück und sah die Besitzerin nicht mehr.

Ein Geländewagen mit der Aufschrift »Ärzte ohne Grenzen« fuhr am Käfig vorbei Richtung Israel. Ich entdeckte die Kofferbesitzerin als dunklen Punkt fast am Anfang des Schlauches und kehrte um, nahm ihr den Sack ab, der ebenso am Boden entlanggezogen werden wollte. Gemeinsam traten wir aus dem Schlauch heraus und standen in Gaza.

Nun halfen ihr ein Fahrer und ein Träger. Auf mich warteten ein Fahrzeug und zwei Mitarbeiter einer deutschen Organisation, ohne die ich nicht über diese israelische Grenzanlage nach Gaza gekommen wäre. Sie hatten mir beim Visum geholfen. Das deutsche Vertretungsbüro hatte mich zuvor auf die Gefahren hinweisen müssen, sandte mir ein Schreiben zu, dass ich unterschrieben zurückschickte.

Darin war all das zu lesen, was man vor der Einreise in ein Land nicht lesen möchte. Von einer »dringenden Reisewarnung« war die Rede. Davon, dass ich im Fall der Fälle auf »keine konsularische oder sonstige Hilfe« hoffen konnte. Dass die Grenze jederzeit dicht sein könnte und die deutschen Behörden »in diesem Fall außerstande sind«, die »Wiederausreise zu ermöglichen«.

Mit dem gepanzerten Geländewagen fuhren wir durch Gaza-Stadt. Durch zentimeterdickes Glas sah ich die grauen Wohnblöcke eines Flüchtlingslagers. Es war das Beach Camp, ich erkannte es sofort. Der Gaza-Junge kam in diesen Straßen auf mich zu. Damals.

Bei meiner ersten Reise in Gaza hatte ich dort recherchiert. In Tel Aviv hatte ich zu Beginn der Reise von ihm geträumt. Wie er wieder vor mir stehen blieb, »Welcome to Gaza« sagte, die Weste öffnete und mir die an seinem Oberkörper befestigten Handgranaten zeigte. Ob er noch lebte? Noch im Camp wohnte?

Der gepanzerte Wagen blieb vor einem Hotel am Strand stehen. Ich stieg aus und fühlte mich zum ersten Mal seit der letzten halben Stunde sicher. Ohne Fahrzeug, das mich aus weiter Ferne als Ausländer markierte, das mir das Gefühl vermitteln sollte, in Gaza sicher zu sein, nur weil ich eine Rüstung trug. Ich glaubte nicht an Rüstungen. Ich musste den Leuten, die hier leben, vertrauen. Das war die Idee der ganzen Reise. Meine Reiseversicherung.

Ich begann mit meiner Vermessung der Stadt zu Fuß. Wie an meinem ersten Wandertag in Tel Aviv. Um zu wissen, was gerade in Gaza-Stadt los war, was passierte oder passieren könnte, suchte ich eine sprudelnde Informationsquelle auf, jemanden, der wissen musste, über was man sprach: einen Friseur.

Er stellte sich mit seinem Vornamen Ali vor, und ich nahm zwischen dem Spiegel und einer türkisfarbenen Holzverschalung aus einem anderen Jahrhundert mit nebeneinander aufgereihten Tuben und Dosen Platz. Ali rasierte und schnitt mir die Haare, puderte den Hals, parfümierte mich vom Scheitel bis zum Nacken und war so konzentriert bei der Arbeit, dass er kein Wort mit mir sprach.

Der nächste Kunde wartete, ich zahlte und brachte nur zwei

Dinge vom Friseur in Erfahrung: seinen Vornamen und dass sein Vater aus Jaffa nach Gaza geflohen war. Vor einem Restaurant rauchte Grillkohle, und Kebab-Spieße brutzelten auf dem Rost über der Glut. Ich setzte mich in das hallengroße Restaurant mit weißen Kunstleder-Stühlen, zählte über dreißig Tische, vier Kellner und mit mir vier Gäste. Ein Mitarbeiter wischte den sauberen Boden. Die Kellner kommunizierten über einen Knopf im Ohr, ich wusste nicht, was es über uns vier Gäste zu kommunizieren gab.

Ein junges Paar saß auf der Terrasse in einer Ecke, die man nicht richtig einsehen konnte, ohne unmittelbar vor ihnen zu stehen. Eine Nische. Ich kannte solche Nischen aus anderen Reisen durch Palästina. Unverheiratete Paare zeigten sich nicht auf der Straße. Sie tauschten keine Berührungen aus. Sie kommunizierten auf Distanz, über E-Mail und Telefon. Und sie suchten Nischen auf, um sich zu sehen.

Ich setzte mich mit dem Rücken zu ihnen, damit die Nische auch Nische blieb. Ein junger Mann am Nachbartisch rauchte Wasserpfeife, wir lächelten uns zu, suchten offenbar beide ein Gespräch, und ich setzte mich zu ihm. Ich berichtete auf Arabisch, woher ich kam, was ich in Gaza vorhatte, suchte mühevoll nach Vokabeln. Er schaute mich fragend an. »Do you speak English?« Kein Kompliment für meine Sprachkenntnisse, aber eine Erleichterung für das kommende Gespräch.

Yahia studierte an der Universität in Gaza-Stadt Business Administration und jobbte in einem Hotel an der Rezeption. Er rief den Kellner und bestellte neue, heiße Kohle für die Wasserpfeife. Er fragte mich die Frage, die mir die kommenden Tage immer wieder gestellt werden würde. »Und? Wie ist Gaza?« Und ich antwortete so, wie ich die kommenden Tage immer antworten würde. »Schön, aber es gibt viele Probleme.« Yahia zog am Mundstück, im Glasbehälter seiner Wasserpfeife blubberte es.

Der Kellner schabte die kalten Kohlereste von der Pfeife, legte glühende Kohle nach. »Wann hast du Gaza zuletzt verlassen?« Ich stellte die Frage, weil sie für mich, den Reisenden, eine der interessantesten war. Aber sie war auch sehr persönlich, weil das Reisen oder besser das Nicht-Reisen eines der Themen in Gaza ist.

Seit Jahren waren die Grenzen nach Israel dicht, nach Ägypten kam man je nach politischer Lage, wenn man einen Grund dafür und Geld hatte, um es dort ausgeben zu können. Yahia nahm mehrere kräftige Züge, damit die Kohle aufglühte, der nasse Tabak unter der Aluminiumfolie sich aufheizte. Er zählte die Jahre. Mit zwölf hatte er, der 24-Jährige, zuletzt etwas anderes als den Gazastreifen gesehen.

Als ich das Restaurant verließ, mich noch einmal nach Yahia umdrehte, sah ich nur die Säule, hinter der er saß, und seinen Wasserpfeifenrauch, der in der Luft verdampfte. Ich ließ mir den Weg zu einer der Hauptstraßen zeigen. Die grünen Flaggen der Hamas und die roten der Demokratischen Front zur Befreiung Palästinas hingen an den Masten der Straßenlampen. Und auf dem Gehweg vor den Geschäften brummten Generatoren. Ich sprach mit einem Schuhverkäufer darüber, der kein Benzin mehr hatte für seinen Generator und der deswegen vor seinem dunklen Geschäft stand. Ohne Strom. Ohne Licht. Ohne Kunden.

Der Strom fiel mehrmals am Tag für einige Stunden aus. Das Kraftwerk, das Strom produzierte, hatte kein Öl mehr. Ein Streitpunkt zwischen Israel, dem Lieferanten, und der Gaza-Regierung der Hamas, einem ihrer ärgsten Feinde. Der Inhaber des Schuhladens kaufte sich wie all die anderen einen Generator. Gas, Benzin oder Diesel gab es auf dem Schwarzmarkt.

Auf meinem Weg durch die Stadt knatterte es nicht nur so laut vor den Schaufenstern, dass man sich anschreien musste, um zu reden, es roch auch nach verbranntem Treibstoff. Bei einer Einkaufspassage standen die Türen offen, die Räume waren dunkel und verlassen. Der Generator davor schwieg.

Die Omar-al-Muchtar-Straße ist eine grüne Promenade in der grauen Stadt. Kinder spielten, Alte saßen auf den betonierten Bänken, Teenager liefen auf und ab, entweder Jungs oder Mädchen, keine gemischten Gruppen. Alle paar hundert Meter bettelnden Frauen am Rand des Gehweges sitzend, eine trug ihr Baby im Arm. Ein Junge verkaufte Kaugummis. Ein Mann, vielleicht Mitte vierzig, trat an mich heran, Tüten voller Brot in den Händen, und fragte mich nach Geld, so wie er auch andere fragte, nicht nur mich, den Ausländer.

Überhaupt fiel ich nicht auf, zumindest sprach mich niemand an, so wie man mich in anderen palästinensischen Städten angesprochen hatte. Am Strand von Gaza-Stadt angekommen, kaum hatte ich mich auf einen Plastikstuhl gesetzt, änderte sich das. Vielleicht lag es daran, weil der Strand am Abend eine große Nische war. Ein Raum, an dem man sich treffen konnte, ohne von der ganzen Stadt gesehen zu werden. Ein Dutzend Kinder rannte auf mich zu, umzingelte mich. Die Jungs übten ihr Englisch. »How are you?« »Where are you from?« »What is your name?«

Zwei Frauen gesellten sich dazu, wie alle, die ich an diesem Tag in Gaza-Stadt sah, mit Kopftuch. Auch die Gesichtsschleier, bei dem nur Augen zu sehen sind, trugen weit mehr als im Westjordanland, keine 50 Kilometer entfernt, hinter zwei Grenzanlagen und Israel.

Ich dachte mir, wie groß dieses kleine Israel und noch kleinere Palästina in solchen Momenten waren. Auf der Weltkarte waren beide Winzlinge nur als ein gemeinsamer Farbklecks überhaupt erkennbar. Israel und Palästina waren zusammen kleiner als die Schweiz, kleiner als das südasiatische Königreich Bhutan, kleiner als der westafrikanische Staat Guinea-Bissau, kleiner als das Bundesland Nordrhein-Westfalen, kleiner als der US-Bundesstaat Maryland. Kleiner. Kleiner. Kleiner. Würden die Boeings und Airbusse nicht in Tel Aviv landen, sondern vom Mittelmeer kommend einfach weiterfliegen, viereinhalb Minuten später hätten sie Israel und Palästina überflogen, wären schon über Jordanien. So klein. Und doch so riesig.

Eine der beiden Frauen am Strand von Gaza-Stadt, vielleicht Anfang zwanzig, schloss sich der Fragerunde der Kinder an. Ihre Freundin zog sie, während ich antwortete, an ihrem Mantel und bald fort von mir, von den Kindern, vom Strand. Die Kinder fragten beständig weiter. Ein Mann trat hinzu, nahm mich am Arm, drückte mich an den Kindern vorbei und befreite mich.

Bilal studierte Bauingenieurwesen an der Uni, machte seinen abendlichen Spaziergang am Strand entlang. »Willst du den Hafen sehen?«, fragte er und zeigte in den Süden. Ich sah das Skelett eines alten Schiffes am Horizont. Wir spazierten an der Feuerwehr vorbei, die Männer spielten mit ihren blauen Uniformen Volleyball.

Am Eingang des Hafens fragten uns Uniformierte, was wir wollten. Bilal stellte mich als seinen deutschen Freund vor, der die Fischerboote sehen wollte. »Herzlich willkommen. Aber keine Fotos!« Am Uniformierten vorbei erklärte mir Bilal, dass er nur rein durfte, weil ich dabei war. Ohne mich hätte man ihn nicht hineingelassen. Und so langsam verstand ich, wieso er vorschlug, zum Hafen zu gehen, kaum hatte er mich befreit.

Zwei große ausgemusterte Schiffe lagen auf festem Grund, eines davon war das Skelett, das ich am Horizont entdeckt hatte. Hunderte kleine Fischerboote trieben im Hafenbecken. Einige Angler montierten ihre Ausrüstung, bereiteten sich offenbar auf nächtliches Angeln vor. Wir setzten uns auf einen Wellenbrecher aus Beton, während die Sonne hinter den Wellen unterging.

Bilal war im Beach Camp aufgewachsen. Er sagte mir das, als die Sonne schon verschwunden war, der Wind sich Sekunden später kalt anfühlte. Ich erzählte ihm von meinem Gaza-Jungen mit den Handgranaten um den Bauch. Er hörte zu und sagte, meine Geschichte erinnerte ihn an seinen besten Freund. Er war mit einer Handgranate in der Innentasche seiner Jacke zum Strand gegangen. Er wollte die Handgranate ins Meer werfen. Beim Versuch, sie aus der Jacke zu ziehen, zündete sie und zerfetzte ihn am Strand. Das war damals geschehen, als er noch im Beach Camp lebte.

»Können wir dorthin?«, fragte ich ihn. Ich glaubte nicht, meinen Gaza-Jungen zu sehen, ich wollte vielmehr sehen, dass er nicht mehr dort war. Woanders lebte. Oder einfach ein anderer geworden war. »Du willst jetzt ins Flüchtlingslager?« Bilal fragte nicht noch einmal nach, und wir machten uns auf den Weg.

Es dämmerte, als wir losgingen, und als wir ankamen, war es Nacht. Die Straßenlampen waren aus, die Beleuchtungen der Geschäfte und die Zimmerlichter der Wohnungen ebenso. Strom fehlte und Generatoren konnten sich vermutlich die wenigsten im Camp leisten. In einem Lebensmittelladen brannten drei Kerzen.

Vor der Moschee brummte ein Generator, und ich fragte Bilal, ob er nicht beten wollte, ich hätte Zeit. Wir zogen die Schuhe aus, er stellte sich zu der letzten Reihe der Betenden, und ich setzte mich auf den Teppich hinter ihnen, wartete die wenigen Minuten, die es dauerte. Bilal rief einen Freund an, Saleh, der wiederum Englisch studierte und nach Konversationspartnern suchte, die es kaum gab in Gaza, weil außer Journalisten und Mitarbeitern von Hilfsorganisationen kaum Ausländer einreisten.

Wir stapften durch die schmalen Gassen des Camps, ein kleiner Junge zog einen Wasserkanister hinter sich her, wir trugen den Behälter gemeinsam zu seinem Haus. Saleh stieß zu uns, freute sich über seinen neuen Konversationspartner, wenn auch nur für einen nächtlichen Spaziergang durch das Camp und am Meer entlang, in dem blaue Lichter aufblitzten und in weiter Ferne große Frachtschiffe gelb aufleuchteten. An dieser Stelle am Strand hatte ich vor ein paar Stunden noch Kinder gesehen, die Sand in Tüten abfüllten und ihn über die Straße trugen. Zum Spielen, hoffe ich.

Saleh zeigte mir den »Brotherhood«-Park im Camp, hier ist er abends oft, sagte er. Er zeigte auf kleine Unterstände aus Holz im Park, in die man sich setzen konnte. Vor ein paar Monaten hatten sie manche abgerissen, um Brennholz zu haben. Man baute sie wieder auf. Ein Schuss ließ uns beide zusammenzucken, er schaute nervös um sich, und das beunruhigte mich, weil ich dachte, er wäre an so etwas gewöhnt. Wir verließen den Park, liefen an einem Spielplatz vorbei, auf dem noch Kinder im Dunkeln spielten. Der Schuss hatte nur uns beide gestört.

Am nächsten Tag wollte ich in den Süden, nach Khan Yunis und Rafah. Zu Fuß wäre es ein Tagesmarsch und per Anhalter chancenlos gewesen. Privatautos fuhren wegen der Benzinknappheit nur wenige. Am Straßenrand streckten Hunderte die Hand nach Taxis aus, die ihre Gäste einsammelten und in verschiedene Richtungen fuhren. Wie sollte ich mich dazustellen, die Hand ausstrecken und meinem Fahrer sagen, dass ich nur per Anhalter unterwegs sei? Ich musste mich den Regeln anpassen, das gehörte zur Reiseversicherung.

Ich ging an einer Tankstelle vorbei, zweispurig warteten Taxifahrer in einer mehrere hundert Meter langen Schlange. Mit Kalaschnikows bewaffnete Polizisten passten an den Zapfsäulen auf, dass es zu keinem Tumult kam. Der Tankstellenbesitzer wartete auf die nächste Benzinlieferung, erklärte mir ein Taxifahrer. Es kommt entweder aus Israel, »dann ist es teuer«, oder illegal aus Ägypten, »dann ist es billiger«.

Ich fand einen Platz in einem Sammeltaxi Richtung Süden. Wir überholten Pick-ups, Transporter, einen weißen Schulbus mit der blauen Aufschrift »UN«, Pferde und Esel, die Anhänger zogen, beladen mit Holzbrettern, Tomatenkisten, Säcken. Vorbei an Baustellen und Kornfeldern, an müllübersäten Straßenrändern, am orange angemalten »Café Monaco«, das nicht in die Landschaft passen wollte.

In Khan Yunis stieg ich aus, es war Mittwochsmarkt, er zog Tausende an, die Kleidung, Haushaltswaren, Lebensmittel oder lebende Tiere kaufen wollten. Hühner warteten in Käfigen, die Hasen in Kisten auf ihr Schicksal. Ich fand einen Begleiter, der mir vieles erklärte, den Markt zeigte und dem ich sagen konnte, was ich weiter im Süden, in Rafah, sehen wollte. Er konnte mir helfen, das wusste ich. Ich hatte in Gaza-Stadt eine Telefonnummer bekommen, die mich zu ihm führte. Er kaufte für sich auf dem Markt ein, verhandelte minutenlang mit jedem Händler, bei der Zahnpasta wie bei dem Handspiegel, den karamelisierten Zuckerstangen, dem Nagelknipser.

Wir hatten einige Zeit zusammen verbracht, bis er mir offenbar vertraute. Er rief einen Fahrer, der uns nach Rafah bringen sollte. In der Stadt an der ägyptischen Grenze fuhren wir durch das Stadtzentrum hindurch, neben einem Plakat hing eine Qassam-Rakete, eine Attrappe, vermutete ich. Wir verließen mit unserem Auto die asphaltierte Straße, rollten über sandigen Boden voller Löcher, in denen unsere Reifen versanken, bis die Stoßstange aufschlug.

Ein Mann in Zivil und mit Kalaschnikow bewaffnet saß am Straßenrand auf einem Plastikstuhl und hielt uns an. Er wechselte ein paar Sätze mit unserem Fahrer, sie kannten sich, das machte die Sache einfacher, vermutete ich. »Er ist von der Hamas. Er hat gesagt, du darfst keine Fotos machen«, sagte mir mein Begleiter. Wir bogen ab, wirbelten Sand auf und parkten vor einem Haus mit zerschossenen Wänden. Der Fahrer wartete im Auto. Mein Begleiter und ich gingen zu Fuß weiter.

Wir standen auf einer kleinen Anhöhe, einem Hügel aus Schutt. Ich blickte auf Häuser, die schon zu Ägypten gehörten, und auf eine

Zeltstadt, direkt vor meinen Füßen, noch im Gazastreifen. Dutzende Zelte standen nebeneinander, so groß, dass ein Lkw darin parken könnte. Und ich hörte das bekannte Geräusch aus Gaza-Stadt. Das Brummen der Generatoren. Nur waren diese hier viel größer, mussten nicht Strom für Licht und Kühlschränke erzeugen, sondern für Seilzüge, die Hunderte Kilogramm Gewicht im Fünf-Minuten-Takt aus der Tiefe nach oben beförderten.

Wir gingen auf die Arbeiter zu, die so verstaubt Zementsäcke schleppten, dass ihre ursprüngliche Hautfarbe nicht mehr zu erkennen war. Sie hatten nichts gegen einen Besucher, der über sie schrieb. Mein Begleiter zeigte auf meine Kamera. Sie hatten auch nichts gegen Fotos. Der, der mich hierher brachte, mochte die Hamas nicht, und was sie uns auferlegte, interessierte ihn nicht. Nur die Gesichter der Arbeiter sollten nicht von vorne zu sehen sein, und daran hielt ich mich.

Einer von ihnen erzählte von der Arbeit, wie sie aus 27 Metern Tiefe Zementsäcke nach oben holten, die über einen 300 Meter langen Tunnel aus Ägypten in den Gazastreifen kamen. Jeder wusste, dass es diese Tunnel ab. Die Presse schrieb weltweit über sie. Die ägyptische Regierung tolerierte sie, die israelische ebenso, und die Hamas-Regierung des Gazastreifens war von ihnen abhängig. Manche befördern Benzin, andere TV-Geräte, Nahrungsmittel, wohl auch Waffen.

Der Palästinenser, der mir von seiner Arbeit mit den Zementsäcken erzählte, schaute meinen Begleiter an und fragte etwas. Mein Begleiter übersetzte. »Willst du in den Tunnel?«, fragte er. Ich beugte mich über das Loch und sah nur Schwarz. »Es kann aber passieren, dass der Generator ausfällt«, ergänzte mein Begleiter nach einer Pause, so als wäre er sich nicht sicher gewesen, ob er alles übersetzen sollte oder nicht.

Wir stellten uns zu zweit auf ein Gerüst, das mit der Seilwinde befestigt war und uns langsam in die Tiefe abseilte. Die Öffnung über uns verkleinerte sich, ich hielt mich an einer öligen Metallstange fest. Wir standen uns im Dunkeln gegenüber, bis uns das Tunnellicht entgegenstrahlte. Zwei Männer begrüßten uns per Handschlag, man hatte sie per Funk informiert. Wir konnten gebückt stehen in diesem Tunnel. An Seilen auf dem Boden waren zwei Behälter aus Gummi, vielleicht aus Reifen, gebunden. Sie waren gefüllt mit Zementsäcken.

Die Arbeiter erzählten von ihrem Tag in der Tiefe. Zehn Stunden dauerte eine Schicht, an deren Ende 100 Schekel Lohn, etwa 20 Euro, und Tageslicht warteten. Manche schliefen auch in den Tunneln, sagte mir einer der Männer. Ich war froh, dass der Generator noch brummte und uns wieder zurückbrachte. Bei unserem Fahrer klopften wir uns neben der zerschossenen Hauswand den Tunnelstaub von den Hosen.

Wir verließen die Stadt, an Reben vorbei, kamen zu einem Farmer, der Zwiebeln anbaute. Ich wollte die Grenzregion sehen, weil es dort immer wieder zu Gefechten gekommen war in den letzten Wochen, Monaten, Jahren. Der Farmer lag in der Schusslinie zwischen Raketen der Hamas oder des Islamischen Dschihad und des israelischen Militärs. Wir saßen unter einer Plastikplane um eine Feuerstelle, auf der ein Topf dampfte. Tunkten Brot in eine Soße aus Tomaten, Zwiebeln, Chili und Knoblauch. Der Farmer erzählte von den Problemen mit dem Export und dem miesen Absatz, weil immer weniger Geld hatten.

Als ich nach Gaza-Stadt zurückkehrte, war es dunkel geworden. Ein Abend in einer Großstadt ohne Strom macht eine Adressensuche kompliziert. Ich fand über Umwege zu dem Haus, das ich suchte, und stand kurz darauf vor dem Bücherregal von Eyad el-Sarraj. Der bekannteste Psychologe Palästinas stimmte einem Treffen spontan zu.

Ich wartete im Wohnzimmer auf ihn und versuchte das System zu verstehen, nach dem die Bücher sortiert waren. Alphabetisch von A bis Z war es nicht. Auch nicht, weil Arabisch von rechts nach links gelesen wird, von Z bis A. Ich vermutete eine thematische Sortierung oder nach Belletristik und Sachbüchern, was auch keinen Sinn machte, weil Tolstois »Krieg und Frieden« neben dem Wanderbuch von Raja Shehadeh stand, James A. Micheners »Die Quelle« neben einem Fachbuch zum Nahostkonflikt.

Ich hörte ein leises Pfeifen und el-Sarrajs Stimme im Hintergrund. »Da gibt es kein System«, erklärte er und lächelte mir väterlich zu. Wir tranken Tee, ein Sohn von ihm spielte um die Ecke Fußball auf der Playstation. Der Psychologe hatte viel in Gaza geforscht, mit Kindern gearbeitet und untersucht, wie der alltägliche Konflikt sie beeinflusste. Die Kinder, mit denen er zusammenarbeitete, wollten nicht Arzt, Lkw-Fahrer oder Koch werden, sie gaben als Berufswunsch häufig »Märtyrer« an.

Er selbst baute für seine Familie eine kleine Alternativwelt auf. Im großen Garten veranstaltet er Grillabende, baut eine Leinwand auf und zeigt Spielfilme. Während er von dieser Welt erzählte, störte uns die Realität in Form einer Nachricht. Schwedische Journalisten seien in Gaza-Stadt festgenommen worden, rief seine Frau aus dem Nachbarzimmer, sie hörte davon offenbar in den Nachrichten.

Ein Taxifahrer, dem ich vor ein paar Stunden meine Telefonnummer gegeben hatte, rief mich an. Er dachte, ich sei einer der Schweden. Er wollte wissen, wie es mir erging. Ich nippte am Tee vor dem Bücherregal auf dem Sofa sitzend, konnte mich nicht beschweren.

Der Psychologe telefonierte mit der Hamas, die Sache mit den Schweden nahm er persönlich, sie waren vor ein paar Stunden bei ihm gewesen, saßen da, wo ich nun saß, und unterhielten sich. Eine Stunde nach el-Sarrajs Anruf waren sie wieder frei. Sie fotografierten angeblich einen speziellen Platz im Gazastreifen. Was sie offenbar nicht wussten, wusste die Hamas umso mehr: Von dieser Stelle aus feuerten militante Palästinenser Raketen in Richtung Israel ab. Das machte die Hamas skeptisch, führte zur Befragung der Schweden.

Das war die eine Version. Im Laufe des Abends hörte ich noch weitere, je nachdem, mit wem ich sprach. Ich dachte an meine Tunnelfotos und war froh, dass die Sache ein gutes Ende gefunden hatte. Und ich war zu erschöpft, um mir Sorgen zu machen. So oder so wartete am nächsten Morgen der schlauchförmige Käfig auf mich.

Im Schlauch war mehr los als bei meiner Einreise. Träger halfen den Reisenden. Wieso sie vor ein paar Tagen nichts getan hatten, verstand ich nicht. Nun fuhren sie Koffer auf dreirädrigen Motorrädern durch den Korridor zu einer Schiebetür aus Metall. Ein Körperscanner umrundete mich, ich hatte mich falsch hingestellt, musste zurück, er umrundete mich ein weiteres Mal, und ich bekam Zahnschmerzen. Ich schob es auf den Scanner, nicht auf die Liter von stark gesüßtem Tee und Kaffee, die ich im Laufe der vergangenen Tage getrunken hatte.

In Israel angekommen, verfolgten mich Taxifahrer, riefen mir Beträge zu, für die sie mich transportieren wollten. Einer fuhr im Schritttempo minutenlang neben mir. Er fing mit 100 Euro an, und sein letztes Angebot lag bei 20. Er gab es auf, fuhr davon, und ich konnte die Hand ausstrecken. Das erste Auto hielt an.

Der Fahrer arbeitete in einer israelischen Gemeinde, ein paar hundert Meter vom Gazastreifen entfernt. Ich hatte die roten Dächer von der palästinensischen Seite aus gesehen. Wir schwiegen uns einige Kilometer an. Ich wollte der Frage aus dem Weg gehen, woher ich gerade kam.

Es gab auf dieser Straße nicht viele Möglichkeiten. Das wusste auch er. Und so fragte er ohne Umwege, wie es auf der »anderen Seite« war, wie es den Leuten dort erging. Er kannte von dieser Seite nur die Qassam-Raketen, die bei ihm einschlugen. Ich erzählte ihm von seinen Nachbarn. So wie ich ihnen von ihm erzählt hatte.

DANKESCHÖN

An alle, die mich in Israel und Palästina begleiteten: in die Wüste, in die Berge, in die Tunnel und zur Küste. Die lange Liste reicht von A wie Abed aus Palästina bis Z wie Zoey aus Israel. Ihre Namen sind in den Buchkapiteln zu finden.

Nicht namentlich dort erwähnt, aber hilfsbereit von der ersten Stunde an: John Seàn Barrett, Markus Bickel, meine Agentin Aenne Glienke, Peter Klaiber und Andres Veiel. In der Vorbereitungszeit der Reise halfen sie mir in kollegialen Gesprächen in Berlin und Frankfurt am Main.

Bei einem Treffen im Siebengebirge schöpfte Reiner Rechmann aus seinen über vierzig Jahren Wandererfahrung und sagte mir, wie man sich vor Adlerangriffen schützt und welche Ausrüstung für mein Vorhaben sinnvoll ist.

In Ramallah danke ich Amir Ali und Jörg Schumacher für die großartige Hilfe in einer nicht ganz einfachen Situation.

Tobias Heyl vom Carl Hanser Verlag betreute das Buchprojekt engagiert von Anfang an und lektorierte es. Ebenso sei in München gedankt: Friederike Barakat, Anne Brans, Martha Bunk, Katja Desaga, Kerstin Hertl, Stefanie Schelleis, Tatjana Michaelis und Kirsten Vogelsang.

Ein großes Dankeschön den kritischen LeserInnen von einzelnen Seiten bis zum ganzen Manuskript: Steffen Hagemann, Karin Hirschfeld, Thomas Klotz, Belinda Schäuble, von Anfang an im Boot und am Ruder: Matthias Simnacher und Britt Ziolkowski.

Britt und unserer Bande danke ich besonders für Euer Verständnis, Eure Energie und Eure Liebe.

Außerdem bei Hanser:

Martin Schäuble
BLACK BOX DSCHIHAD
224 Seiten. Klappenbroschur

Warum wird jemand Terrorist, gar Selbstmordattentäter? Um diese Frage zu beantworten, erforscht Martin Schäuble das Leben zweier junger Männer, die diesen Weg gegangen sind. Der eine, Daniel, wächst in einer gut situierten deutschen Familie auf, besucht das Gymnasium und begeistert sich für Hip-Hop. Der andere stammt aus den Palästinensergebieten, teilt sich ein Zimmer mit acht Geschwistern und bricht früh die Schule ab. Trotz aller Unterschiede vereint die beiden ein Ziel: Sie wollen kämpfen im Dschihad. In parallel erzählten Biografien versucht Martin Schäuble, das Leben der beiden Gotteskrieger zu erforschen und Antworten auf wichtige Fragen der Zeitgeschichte zu finden. Diese Antworten mögen uns erschrecken – wir müssen sie dennoch kennen, wenn wir den islamistischen Terrorismus in Nahost und auf der ganzen Welt verstehen wollen.

»Schäuble hat minutiös recherchiert und sich auf das jeweilige kulturelle Umfeld der jungen Leute eingelassen. Anhand von Gesprächen mit ehemaligen Freunden, Lehrern und Verwandten rekonstruiert er so zwei Lebenswege. Er hat sich in die Männerwelt der Gotteskrieger eingefühlt – und es dabei zugleich geschafft, die gebotene Distanz zu bewahren.« *Die Zeit*

»Martin Schäuble erzählt einfühlsam und ohne Pathos, detailgenau und spannend. Wer mehr über die Beweggründe junger palästinensischer Terroristen wissen will und wer sich immer gefragt hat, wer dieser junge »Sauerlandbomber« mit den halblangen Haaren tatsächlich ist, sollte dieses Buch lesen. Es ist übrigens alles andere als eine Black Box.« *Süddeutsche Zeitung*

Das Taschenbuch *Black Box Dschihad* erscheint im Februar 2013
bei dtv *Reihe Hanser*

ISRAEL UND PALÄSTINA

------ Wanderroute

▨ von Israel besetztes Gebiet Syriens

Die von Israel gezogenen Landesgrenzen zum Gazastreifen, dem Westjordanland und Ostjerusalem werden von Palästina nicht anerkannt. Die israelischen Siedlungen in Palästina werden auf dieser Karte nicht angezeigt.

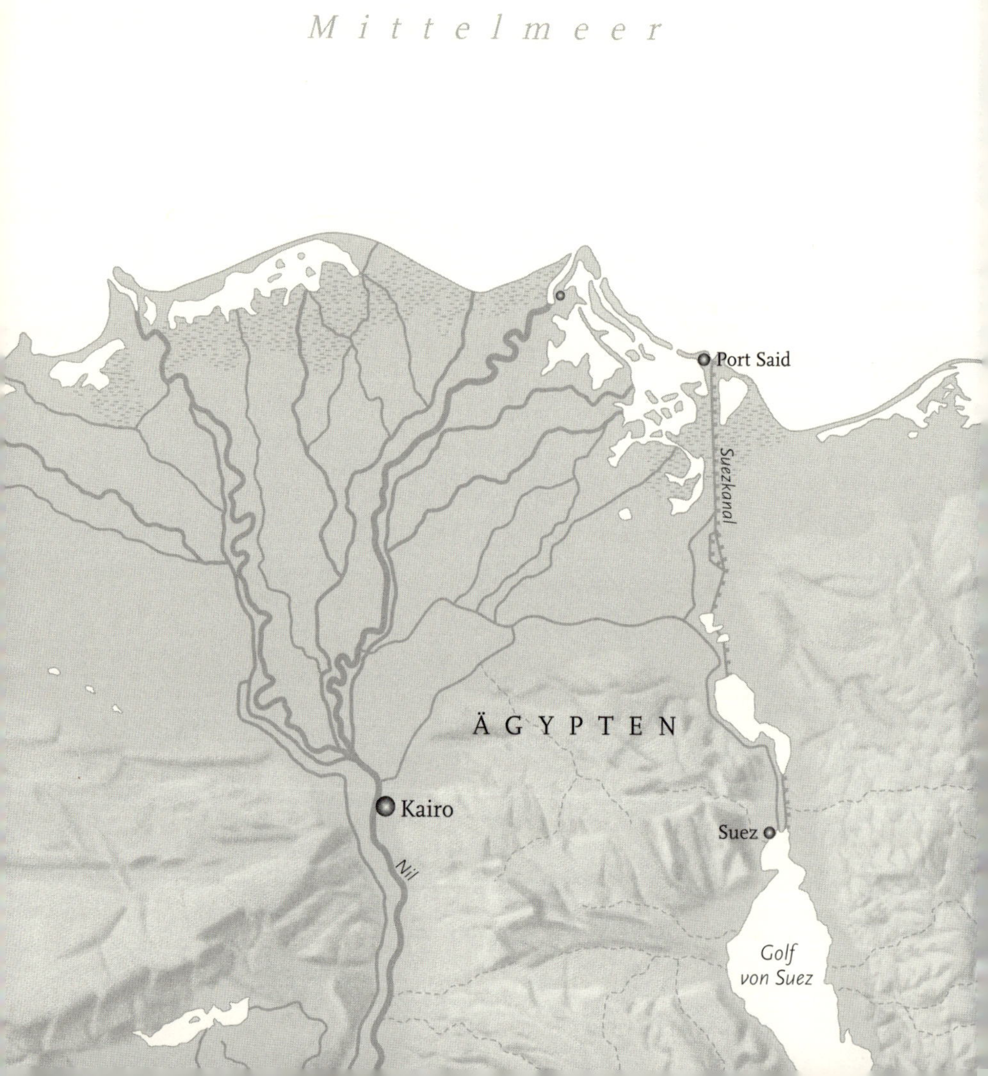